Couverture inférieure manquante

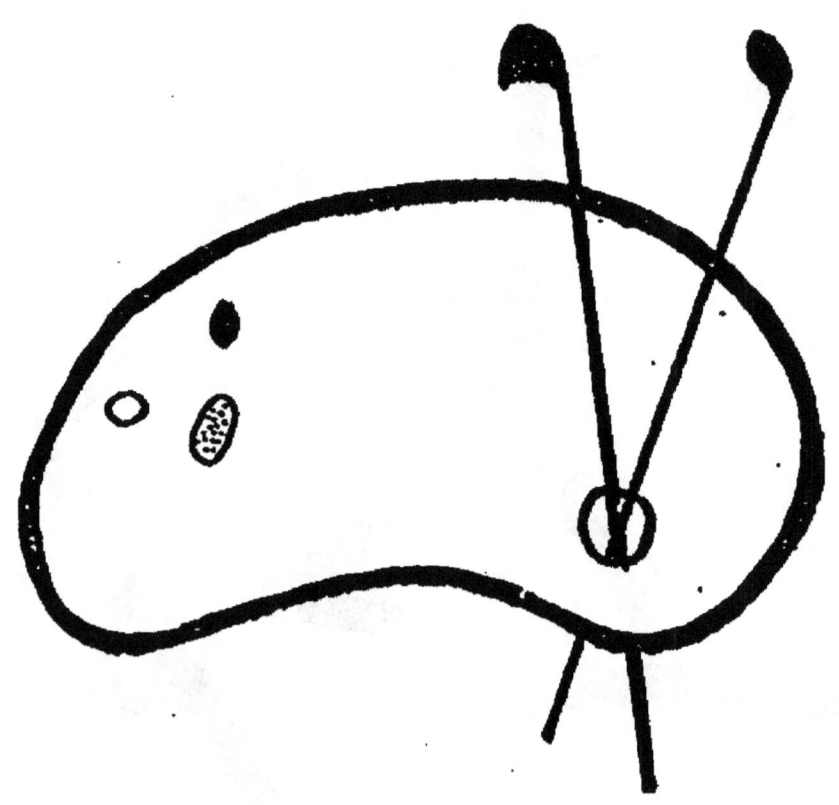

DEBUT D'UNE SERIE DE DOCUMENTS EN COULEUR

UNE ERREUR JUDICIAIRE

LA VÉRITÉ

SUR

L'AFFAIRE DREYFUS

PAR

BERNARD-LAZARE

(SECONDE ÉDITION)

PARIS
P.-V STOCK, ÉDITEUR.
(Ancienne librairie TRESSE et STOCK)
8, 9, 10, 11, GALERIE DU THÉATRE-FRANÇAIS
PALAIS-ROYAL
—
1897

*droits de traductions et de reproductions réservés pour tous
pays y compris la Suède et la Norvège.*

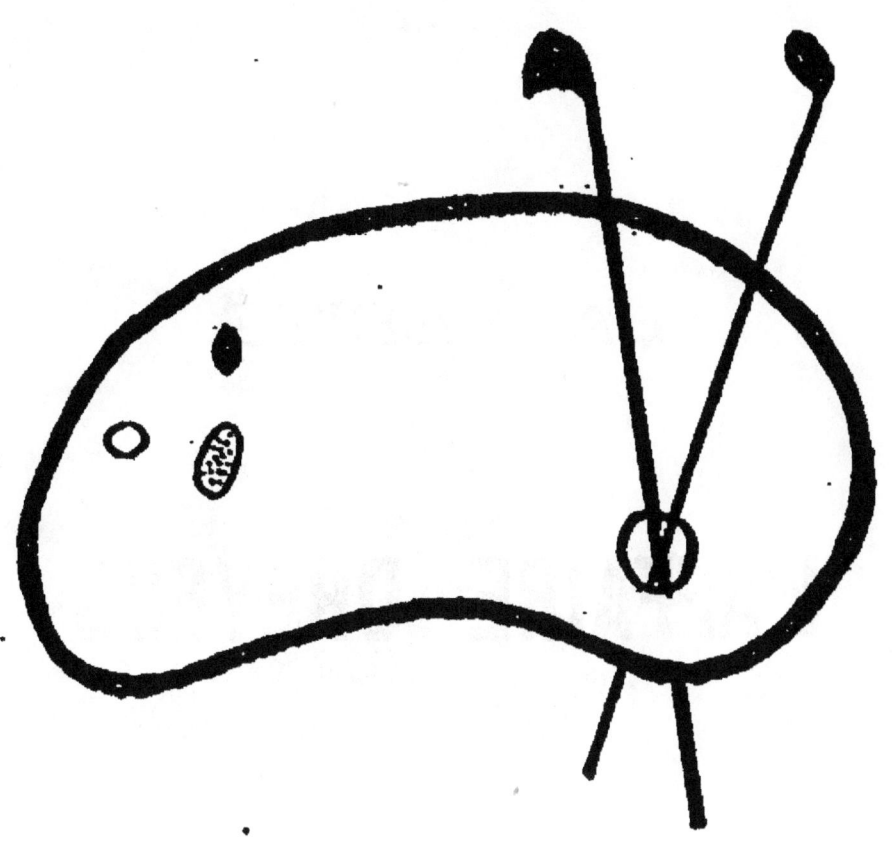

**FIN D'UNE SERIE DE DOCUMENTS
EN COULEUR**

LA VÉRITÉ

SUR

L'AFFAIRE DREYFUS

UNE ERREUR JUDICIAIRE

LA VÉRITÉ

SUR

L'AFFAIRE DREYFUS

PAR

BERNARD-LAZARE

(SECONDE ÉDITION)

PARIS

P.-V STOCK, ÉDITEUR.

(Ancienne librairie TRESSE et STOCK)

8, 9, 10, 11, GALERIE DU THÉATRE-FRANÇAIS

PALAIS-ROYAL

1897

Tous droits de traductions et de reproductions réservés pour tous pays y compris la Suède et la Norvège.

AVERTISSEMENT DE LA 2ᵉ ÉDITION

La première édition de cette brochure a paru à Bruxelles. On a vu dans ce fait je ne sais quelle ténébreuse intention, quel machiavélique dessein. La vérité, comme toujours, est beaucoup plus simple. Si cette brochure n'a pas été imprimée en France, c'est que je voulais éviter des indiscrétions, toujours possibles, qui auraient eu peut-être pour résultat la publication de fragments tronqués. Ces raisons n'existent plus aujourd'hui et cette seconde édition est publiée à Paris.

On s'est de même étonné de l'envoi de ma brochure sous enveloppe fermée. J'ai agi ainsi parce que je voulais qu'on prêtât attention à cet opuscule et qu'on ne le considérât pas comme un simple prospectus. Je n'ai pas eu d'autre but, et quel autre pouvais-je avoir?

J'ai, dans cette réédition, précisé quelques points, donné quelques faits nouveaux ; j'ai essayé de résumer les critiques qu'on m'avait faites, j'ai enregistré les résultats acquis, et, soit dans mon avant-propos, soit au cours de mon exposé j'ai essayé de répondre aux objections. C'est au public maintenant de juger.

AVANT-PROPOS

Quel était, avant la publication de ma brochure, la façon dont on présentait l'affaire Dreyfus ? On affirmait de la manière la plus formelle, que le capitaine avait été arrêté après l'enquête la plus longue et la plus minutieuse, de laquelle sa culpabilité était ressortie indubitablement. On disait **qu'outre l'existence et l'indiscutable attribution du bordereau que j'ai donné et dont la communication de M. Bertillon au** *Matin* **a confirmé l'authenticité,** les charges les plus graves pesaient sur l'homme qu'on accusait. On prétendait 1° que ses relations avec une personne attachée au service du grand état-major allemand avaient été prouvées ; 2° que sa conduite avait toujours été suspecte ; 3° que la vie menée par lui était une vie de jeu et de débauche, et qu'il fréquentait des salons interlopes, justifiant les soupçons qu'on avait sur lui ; 4° qu'on connaissait le nom de ses complices et que, si on ne les arrêtait pas, c'est qu'on voulait éviter un procès devant des juges civils.

Dans l'esprit de ceux qui attestaient l'existence de ces charges, elles étaient destinées à corroborer la vraisemblance du bordereau saisi. **On insinuait même que si on n'avait pas eu en main les preuves de tous les faits que je viens d'énumérer,** on n'eût pas arrêté un officier sous le seul prétexte qu'une pièce suspecte lui était attribuée par trois experts (dont un est récusable), tandis que deux autres, d'égale compétence, l'attribuaient à tout autre qu'au capitaine Dreyfus.

L'Eclair disait (n° du 15 septembre 96) : « *La pièce qu'il (le capitaine Dreyfus) avait écrite et qu'il s'était bien gardé de signer ne pouvait être qu'un élément moral dans la cause. En effet, si deux des experts en écritures, Charavay et Bertillon affirmaient qu'elle était bien de Dreyfus, les trois autres étaient hésitants.* »

Qu'ai-je acquis par la publication de ma brochure ? J'ai acquis qu'on ne parle plus désormais de ces charges, et qu'on ne dit plus que le capitaine Dreyfus a avoué le crime dont on l'accusait. Quelques timides démentis se sont fait entendre, j'y ai répondu dans cette seconde édition; on a objecté que mes affirmations n'avaient aucune valeur, mais je n'ai produit dans toute cette discussion aucune affirmation personnelle; je n'ai fait, je le redis, **que suivre le rapport** d'accusation de M. Besson d'Ormescheville qui met à néant les prétendues charges ; c'est à ce rapport et au commandant d'Ormescheville qu'on doit adresser des démentis.

On a écrit aussi que je ne fournissais au public aucun document nouveau? Quel document voulait-on que je fournisse? **Il n'y en a pas d'autres que le bordereau et la lettre secrète, soustraite au défenseur et à l'accusé et mise au dernier moment sous les yeux des juges.**

Ce que je voulais démontrer, c'est précisément que le capitaine Dreyfus a été arrêté sur des témoignages contradictoires d'experts, et **qu'il a été condamné, sans autres preuves que ces témoignages contradictoires, qui ne peuvent constituer une preuve,** — comme le reconnaissait fort bien l'*Eclair*, - étant donné le peu de confiance qu'il est **légitime d'avoir en les experts en écritures.** Si on assure que d'autres documents que les deux dont j'ai parlé existaient, on se trompe **et je mets au défi qui que ce soit de verser aux débats autre chose que le bordereau et la lettre que j'ai publiés, après** *l'Eclair*.

J'ai parlé du bordereau, j'ai dit combien il était monstrueux, contraire à toute justice, de condamner un homme sur une page d'écriture, sur l'authenticité de laquelle on a les plus grands doutes, et qu'on ne peut pas même appuyer du témoignage unanime des experts commis.

Venons-en maintenant à cette lettre secrète, *dérobée à la défense*. Au mois de septembre, on tirait d'elle et de sa production des conclusions qu'on paraît vouloir abandonner aujourd'hui. L'existence de cette lettre, rappelons les faits, fut signalée par des hommes qui étaient fermement convaincus de la culpabilité du capitaine Dreyfus. Pourquoi la produisaient-ils? Pour démontrer d'une façon formelle, indéniable, cette culpabilité. Cette lettre, disait l'*Eclair* (n° du 15 septembre 1896), est « d'une importance exceptionnelle »; ce fut elle « qui emporta à l'unanimité, plus tard, la décision implacable des juges »; elle ne « permettait pas l'hésitation ».

Comment fut-elle communiquée? C'est encore par l'*Eclair* que nous sommes renseignés, par l'*Eclair* dont le but était d'apporter une irréfragable charge contre le capitaine Dreyfus : « Cette pièce si grave, dit-il, était exceptionnellement confidentielle, le ministre ne pouvait s'en dessaisir sans une réquisition de la justice.

« Il fallait donc qu'une perquisition fût opérée au ministère même. Elle eut lieu, mais pour éviter au commissaire du gouvernement d'avoir à compulser tant de dossiers secrets, elle se trouva la première à portée de sa main.

« Il était stipulé toutefois que, même régulièrement saisie, elle ne serait pas versée aux débats.

« Elle fut donc communiquée aux juges seuls, dans la salle des délibérations.

« Preuve irréfutable, elle acheva de fixer le sentiment des membres du conseil. »

En publiant ma brochure, je me suis élevé contre un tel procédé, j'en ai montré l'illégalité incroyable. M'a-t-on répondu? Non. Nul n'a plus parlé de cette pièce, sinon pour en atténuer la valeur, sinon même pour la démentir, ce qu'il est impossible de faire. Pourquoi cette attitude nouvelle, si ce n'est pour que la défense ne puisse se servir de l'illégitimité de ce procédé afin de demander une revision, et des débats publics que l'on redoute.

Il ne faut pas, cependant, écarter la question qu'on a soulevée: Cette lettre existe-t-elle ? Dans une interview publiée par le *Soir* du 11 novembre 1896, M⁰ Demange disait ceci :

« M. Bernard Lazare affirme qu'une pièce de la plus haute importance aurait été mise sous les yeux du tribunal, mais que ni Dreyfus ni moi n'avons pu connaître la teneur de cette pièce qui aurait entraîné la condamnation, en démontrant la culpabilité de mon client.

« Eh bien, je ne puis admettre la véracité d'un pareil procédé qui renverserait toutes mes idées de justice. Ce serait là un fait sans précédent, contraire à tous les principes de justice et d'équité.

« Le 18 septembre dernier, Mme Dreyfus a adressé au Parlement une lettre dans laquelle elle réclamait la revision du jugement, se basant sur l'incident en question.

« Comment a-t-on eu connaissance de la communication de cette pièce importante, dont ni Dreyfus ni moi n'avons pu connaître le contenu ? Je n'en sais rien.

« En ce qui me concerne, je vous le répète, la chose est inadmissible — du moins jusqu'à preuve du contraire ».

Personne ne s'étonnera, étant donné la haute situation occupée par M⁰ Demange, et sa qualité dans le procès Dreyfus, que j'aie, tenu, après avoir lu son interview, à le convaincre que je n'avais rien avancé à la légère. Je ne connaissais pas M⁰ Demange et n'avais jamais eu, même par intermédiaire, de relations avec lui. Je l'ai vu le lendemain de la publication de son interview. Je lui ai parlé longuement. Ai-je réussi à le convaincre ? Je me le demande encore ; *mais dans notre conversation qu'il m'a autorisé à relater dans cette brochure,* quelques-unes de ses paroles m'ont frappé.

— « *Ah, monsieur, me dit-il, après que je lui eusse encore affirmé la communication de la pièce dont il veut toujours douter; comme homme, je souhaiterais que vous disiez vrai et j'aurais même le droit d'en tirer orgueil, car cela prouverait que je ne me suis pas trompé en affirmant hautement, comme je l'affirme encore aujourd'hui, l'innocence du capitaine Dreyfus contre lequel le dossier ne renfermait pas de preuves de culpabilité, puisqu'il a fallu apporter au conseil de guerre une pièce secrète. Mais comme avocat, j'en serais navré. Je ne veux pas encore vous croire, car si un pareil fait, qui est une violation flagrante des droits de la défense, a pu se produire sans soulever l'opinion publique, il vaut mieux supprimer la défense même devant la justice criminelle.* »

Je comprends que M⁴ Demange ne puisse se résoudre à admettre semblable chose, mais, malgré le doute qu'il émet, il est incontestable que cette pièce existe, et là-dessus l'affirmation de l'*Éclair* est probante, car *la personne qui lui a communiqué le document le plus secret de l'instruction, violant ainsi la première le huis-clos*, rendant public désormais tout le procès, était, mieux que quiconque, en mesure de lui fournir des documents qu'elle se bornait à falsifier.

Les faits se résument donc ainsi : 1° Nulle charge n'existe contre le capitaine Dreyfus ; 2° Il a été accusé et jugé sur des témoignages contradictoires d'experts ; 3° Il a été condamné sur ces témoignages, et sur la production d'une lettre secrète, destinée à entraîner la conviction des juges, conviction qui n'existait pas avant.

C'est contre un tel procédé que nous ne saurions trop protester au nom du droit et au nom de la justice. Nous ne pouvons pas admettre un fait semblable, si contraire à toute équité. Si nous l'admettions, ce serait la liberté de chacun compromise, livrée sans défense à un ministère public et au besoin à un gouvernement. Quel que soit l'accusé qui comparaît devant des juges, il faut qu'il ait des garanties ; la plus élémentaire n'est-elle pas que toutes les pièces de son dossier lui soient soumises, afin que lui et son défenseur les puissent discuter. Il est inadmissible qu'on lui dérobe des documents si graves et qu'on le condamne grâce à eux, sans lui donner les moyens de les réfuter. Sur un tel point, il ne devrait y avoir qu'un cri dans toute la presse. Qu'elle écarte, si elle le peut, la personnalité du capitaine Dreyfus, mais qu'elle proteste contre un tel mode de procédure, qu'on lui appliquera peut-être demain. Quant à moi, devrais-je être seul, je dirai : *Envers cet homme, on a failli au droit et manqué à la justice.*

J'ai deux mots encore à dire : Je ne parlerai certes pas de ceux qui m'ont accusé de faire l'apologie d'un acte de trahison. Je défends quelqu'un contre cette accusation infamante. Voilà ma réponse. D'autres m'ont reproché d'insulter le conseil de guerre. Si c'est insulter un tribunal que d'admettre qu'il a pu se tromper, et si on doit châtier ceux qui en appellent des sentences de la justice humaine, il faut à jamais se taire devant l'erreur et laisser l'innocent au bagne, même après avoir démontré son innocence. Je n'ai jamais suspecté le conseil de guerre, jamais douté de la sincérité et de la loyauté de ses membres. Je dis qu'ils ont été abusés par des experts, abusés par des affirmations inexactes, troublés par la terrible campagne qui fut faite contre l'accusé, et par les affirmations que leur chef hiérarchique faisait entendre dans les journaux. Des officiers ne sont ni des juristes, ni des légistes ; on les a trompés en leur faisant commettre une illégalité, mais ils ne sont pas responsables de cela, le responsable est celui qui leur a communiqué le document secret dont j'ai parlé et leur a demandé de juger là dessus un de leurs camarades. Je le répète encore : le conseil de guerre ne peut être suspecté.

J'en viens enfin à une autre objection. On m'a dit : *Vous ne contestez pas l'authenticité des documents,* vous êtes donc un auxiliaire de l'accusation. Il y a là une confusion. J'ai dit que ces documents *existaient, je n'ai pas dit qu'ils fussent authentiques.* On me demande de m'expliquer là-dessus, je le veux bien et je déclare que ces documents sont faux, faux comme les papiers Norton, par exemple.

Jamais l'ambassade d'Allemagne n'a possédé le bordereau incriminé, et par conséquent les documents que ce bordereau mentionne; jamais attaché militaire allemand à Paris n'a écrit à l'attaché militaire allemand, en Italie, la lettre qu'on a voulu considérer comme la suprême preuve, Document et Lettre sont l'œuvre d'un faussaire, le capitaine Dreyfus est victime d'une machination abominable : il est innocent. Cette innocence, j'y crois de toute la force de mon âme, c'est guidé par mon seul amour de la justice et par ma seule conviction que j'ai élevé la voix; j'espère que je n'aurai pas parlé en vain.

UNE ERREUR JUDICIAIRE

LA VÉRITÉ
SUR
L'AFFAIRE DREYFUS

Je veux établir que la culpabilité du capitaine Dreyfus n'a jamais été démontrée, j'affirme que les bruits les plus mensongers, les plus contradictoires, les plus propres à égarer les esprits et à créer autour de l'accusé une atmosphère de haine et de soupçon ont été répandus. Je déclare enfin que l'homme qu'on a condamné est **innocent**.

Cependant, sans de récents événements, je n'eusse sans doute pas pris encore la parole, craignant de violer le mystère dont on a entouré cette affaire, mais d'autres ont déchiré le voile, ils ont introduit tout le monde dans le sein du conseil de guerre et ils ont rendu publics les détails les plus secrets, les pièces les plus confidentielles. Le gouvernement et l'opinion ont semblé considérer ces divulgations comme naturelles, et l'on peut dire aujourd'hui que le huis clos n'existe plus et que le procès Dreyfus a été débattu devant tous. Mais, à cette occasion, on a fait des récits inexacts, on a amplifié des détails, on en a imaginé, on a inventé des charges nouvelles. Puisqu'on a commencé à parler, j'ai cru bon de faire la lumière complète et de dire la vérité. C'est le but de ces pages. *Je défie qui que ce soit d'apporter un démenti valable à mes affirmations.*

LES BRUITS D'ÉVASION

On connaît les incidents auxquels je viens de faire allusion; je vais cependant les rappeler. Le 2 septembre, un journal de Newport, dans le Monmouthshire, le *South-Wales Argus*, annonçait que le capitaine Dreyfus s'était évadé: la nouvelle en avait été apportée par le capitaine Hunter, du vaisseau *Le Non Pareil*, venant de l'îlot du Connétable, à 40 milles de Cayenne. Ce journal donnait sur l'évasion des détails qui furent reproduits par le *Daily Chro-*

nicle et ensuite par toute la presse française. Comment ce bruit, faux du reste, prit-il naissance, de quelle source émana-t-il, pourquoi, alors que des bruits analogues, périodiquement répandus depuis la condamnation du capitaine Dreyfus, n'avaient pas eu d'écho, pourquoi, cette fois, l'émotion fut-elle si considérable ? Ce sont des questions auxquelles il est impossible de donner une réponse et, d'ailleurs, elles ne sont pas d'une grande importance. Quoi qu'il en soit, selon l'expression de M. Gaston Calmette (1), « l'actualité reprit, à ce moment, ce malheureux que l'on croyait à jamais oublié, disparu, perdu, et depuis que le bruit de son évasion a couru, on s'est de nouveau préoccupé, dans le public, des menus détails de sa mystérieuse détention. »

On ne se préoccupa pas seulement de sa détention, on remonta aux origines du procès et, comme à cette époque, les mêmes timides doutes s'élevèrent, ce fut comme une faible rumeur perceptible à peine, mais cette rumeur voulait dire : « Si cet homme était innocent ? »

Les journaux les plus divers exprimaient cette inquiétude. Le *Jour* commençait une enquête sur les faits ayant amené l'arrestation du

---

(1) *La Captivité de Dreyfus* (Figaro du 8 septembre 1896).

capitaine Dreyfus et se donnait pour but d'établir que « **la culpabilité du condamné n'était pas démontrée** ». M. de Cassagnac, dans l'*Autorité* du 14 septembre, écrivait : « **Comme la plupart de nos concitoyens, nous croyons Dreyfus coupable. Mais, comme notre confrère** (*le Jour*), **nous n'en sommes pas certain.** »

Il fallait répondre à ces assertions. Le journal l'*Éclair* s'en chargea. Son récit (2), si nous y ajoutons un article du *Journal* paru le 10 septembre sous la signature Montville, réunit tous les racontars qui coururent autrefois, mais il contient en outre des parcelles de vérité et *deux documents volontairement falsifiés* qui ne peuvent avoir été communiqués que par quelqu'un mêlé de très près à l'affaire, et puissamment intéressé à établir que le capitaine Dreyfus a été condamné sur les charges les plus accablantes. Je nie que ces charges aient existé. Pour justifier ma négation, je vais suivre d'abord, en les discutant, les informations de l'*Éclair* et celles du *Journal*. Mais, avant tout, il me faut écarter deux assertions.

Dans son article du 8 septembre sur la *captivité de Dreyfus*, M. Gaston Calmette écrivait ceci :

---

(2) 14 et 15 septembre 1896.

« Il (le capitaine Dreyfus) déclare qu'il a voulu, par un acte mal calculé, qui n'a été selon lui qu'une imprudence, donner un semblant de confiance au gouvernement étranger dont il dévoilerait ensuite les secrets à notre profit... Tel est le résumé de ses correspondances continuelles. »

Dans son numéro du 14 septembre, l'*Eclair* déclarait :

« Seul à seul, avec un officier des bureaux, dans un premier moment d'égarement, il a avoué, puis s'est reconquis. Et cet aveu sans tiers est un témoignage insuffisant. Mais celui qui a reçu l'aveu est un homme loyal, à toute épreuve, et sa parole n'est mise en doute par aucun de ses camarades. »

J'oppose à ces affirmations le démenti le plus formel :

1° Jamais, ni dans ses conversations, ni à l'audience, ni dans ses correspondances, le capitaine n'a dit qu'il n'avait voulu, « *par un acte mal calculé* », donner confiance à un gouvernement étranger dont il aurait ensuite dérobé les secrets ;

2° Jamais le capitaine Dreyfus n'a avoué. Jamais, d'ailleurs, depuis la minute où il a été arrêté, il ne s'est trouvé « *seul à seul avec un officier des bureaux.* » Cet « *homme loyal, à toute épreuve* », dont la « *parole n'est mise en doute par aucun de ses camarades,* » n'existe pas, et si *quelqu'un atteste qu'il a reçu l'aveu du capitaine Dreyfus, celui-là ment.*

Faut-il donner une preuve que jamais cet aveu n'a été fait ? Cela m'est facile. En effet, le *jour même du rejet du pourvoi*, M. le commandant du Paty de Clam, qui avait dirigé l'enquête préliminaire à l'arrestation, se rendit à la prison du Cherche-Midi et, au nom du ministre de la guerre, demanda à Dreyfus s'il voulait reconnaître sa culpabilité (*il n'avait donc pas avoué*) :

« Je suis innocent, répondit le capitaine, je n'ai rien à avouer. »

— N'auriez-vous pas commis une imprudence, dit alors M. du Paty; n'auriez-vous pas voulu amorcer un agent étranger ?

— Je ne connais aucun agent, je n'ai jamais eu de telles relations, répliqua le capitaine Dreyfus. Je n'ai voulu amorcer personne. Je suis innocent de ce dont on m'accuse.

— Alors, déclara M. du Paty de Clam, si vous dites vrai, vous êtes le plus grand martyr du siècle.

Niera-t-on cette conversation ? Est-il nécessaire de prouver qu'elle a été tenue ? Voici une lettre qui en fait foi. Elle a été écrite après que M. du Paty de Clam eut quitté la prison du Cherche-Midi, remise au ministre de la guerre à qui elle était adressée, et elle figure au dossier du ministère:

« Monsieur le Ministre,

« J'ai reçu par votre ordre la visite du commandant du Paty de Clam auquel j'ai déclaré encore que j'étais innocent et que je n'avais même jamais commis la moindre imprudence.

« Je suis condamné, je n'ai aucune grâce à demander, mais, au nom de mon honneur qui, je l'espère, me sera rendu un jour, j'ai le devoir de vous prier de vouloir bien continuer vos recherches.

Moi parti, qu'on cherche toujours, c'est la seule grâce que je sollicite.

» ALFRED DREYFUS. »

Venons maintenant au récit de l'*Eclair*:

LE RÉCIT DE L'*ÉCLAIR*

Dans les premiers jours de l'année 1894, dit l'*Éclair*, on constatait au ministère de la guerre qu'il y avait une *fuite* dans les bureaux de l'état-major de l'armée, c'est-à-dire que des renseignements relatifs à certaines dispositions prises en vue du temps de guerre étaient transmis à une puissance étrangère.

Il est exact, en effet, qu'une *fuite* a été constatée au ministère de la guerre dans les premiers jours de 1894, et *nous en avons la confirmation par la déposition du commandant Henry devant le Conseil de guerre.* Comment savait-on, suivant l'expression du commandant Henry, qu'on *trahissait au ministère de la guerre ?*

Pour répondre à cette question, il faudrait donner des détails sur l'organisation de l'espionnage, mais ce n'est pas le lieu ni le moment. Ce qu'il faut dire, c'est que cette constatation n'était pas à ce point anormale qu'elle dût effrayer les bureaux, ni l'état-major, *car, depuis vingt ans et plus, des « fuites » n'ont jamais cessé de se produire au ministère.* Pourquoi ce fait acquit-il une telle importance? Parce que, — nous suivons toujours la déposition du commandant Henry, — une *personne honorable* avait affirmé que la trahison *était due à un officier.* Quelle était cette personne honorable? La défense le demanda en vain au cours du procès ; on ne voulut pas la faire comparaître, le commandant Henry refusa de la nommer, se bornant à affirmer son honorabilité, ajoutant : « *Le képi d'un militaire auquel on a confié un secret, doit ignorer ce qu'il y a dans sa tête.* »

Mais reprenons la version de l'*Éclair* :

« A la suite de ces constatations, dit-il, des recherches furent faites dans les bureaux pour découvrir l'auteur de ces communications, qui constituaient le crime de haute trahison, mais elles ne donnèrent aucun résultat tout d'abord. On n'allait pas tarder cependant à mettre la main sur un document d'une importance exceptionnelle — **puisque ce fut le document qui emporta à l'unanimité, plus tard, la décision implacable des juges.** »

Nous reviendrons tout à l'heure sur ce document. Notons cependant que, de l'aveu même de l'*Eclair*, il fut tenu secret par le général Mercier et par le colonel Sandherr, chef de la section de statistique, qui l'avait communiqué au ministre. Il ne put en rien influer sur la marche de l'instruction, ne fut pas invoqué par l'acte d'accusation, pas discuté par conséquent **et ne fut produit qu'au dernier moment, quand on voulut agir sur l'esprit des juges hésitants.** Poursuivons, toujours d'après l'*Eclair* :

« Quelques jours plus tard, le chef de la section de statistique apportait au général Mercier une lettre non signée. Elle venait — par une source occulte — de l'ambassade allemande. Ce n'était pas une photographie, mais bien un original. Cette lettre, précédée de quelques mots d'introduction, n'était que le bordereau d'envoi d'un dossier. »

Ceci est exact; **ce bordereau existe** et nous aurons à l'examiner plus tard. Sitôt en sa possession, le ministre de la guerre prescrivit des recherches.

« L'écriture de la lettre, — continue l'*Eclair*, — qui du reste était déguisée, fut comparée d'abord à celle de tous les officiers du cadre fixe, puis à celle des stagiaires ; aucune ne s'en rapprochait. C'est alors que quelques officiers songèrent à l'ancien stagiaire Dreyfus et rappelèrent que, sous prétexte de compléter son instruction personnelle, comme nous l'avons dit, il allait sans cesse d'un bureau à l'autre, regardant par dessus l'épaule de ses camarades ce qu'ils écrivaient, demandant à chacun des renseignements qui, pris séparément, n'avaient pas grande importance, mais présentaient réunis un intérêt considérable, prenant sans cesse des notes sur ce qu'il avait lu ou entendu.

On se souvint que Dreyfus avait eu entre les mains, alors qu'il était attaché à la commission du réseau des chemins de fer de l'Est, de nombreux renseignements concernant le plan de concentration, la marche des trains et les unités qu'ils doivent transporter, les points de débarquement sur les différentes bases. En complétant ces renseignements au moyen de ceux qu'il avait recueillis depuis, il avait pu livrer tout le plan de débarquement sur la base d'opérations contre l'Allemagne.

Le chef du premier bureau prit un document établi par Dreyfus, compara l'écriture avec celle de la lettre de l'ambassade d'Allemagne, et constata entre les deux pièces des similitudes d'écritures telles, qu'il resta convaincu qu'elles émanaient de la même personne. Il avertit alors le ministre que le traître ne pouvait être que le capitaine Dreyfus.

faisant allusion à la révélation du nom que lui avait apportée la pièce, que, par raison d'Etat, il tenait secrète :

— Je le savais déjà, répondit le général Mercier.

Ainsi, par deux voies différentes, l'enquête aboutissait au même résultat : la culpabilité de Dreyfus était absolument certaine. Cependant le ministre, avant de faire arrêter le traître et de le déférer à la justice militaire, voulut encore s'entourer de nouvelles preuves : il donna l'ordre au colonel Sandherr de faire filer Dreyfus, et bientôt les agents du service des renseignements purent s'assurer que le capitaine entretenait, à Paris même, des relations avec une personne affiliée au service d'espionnage du grand état-major allemand.

Le commandant Mercier du Paty de Clam, attaché au troisième bureau de l'état-major de l'armée, fut alors chargé d'établir l'enquête préliminaire, qui doit précéder l'ordre d'informer donné à la justice militaire. Il réunit toutes les preuves de culpabilité, sauf la photographie de la lettre chiffrée interceptée, que le ministre, pour les motifs que l'on sait, tint à conserver par devers lui. » . . . .

Ce récit est erroné et la marche de l'enquête y est rapportée d'une façon inexacte. Il est faux que « quelques officiers songèrent à l'ancien stagiaire Dreyfus; » il est faux qu'ils rappelèrent sa conduite prétendue suspecte au ministère ; enfin, et ceci est particulièrement grave, **il est faux que les agents du service des renseignements « purent s'assurer**

que le capitaine entretenait, à Paris même, des relations avec une personne affiliée au service d'espionnage du grand état-major allemand. » La bonne foi de l'*Eclair* a été surprise et la personne qui lui a communiqué ce renseignement **a menti**. Nous allons rétablir les faits.

LES FAITS

Quand l'état-major eut le bordereau dont nous avons parlé, une enquête préliminaire fut ouverte; elle consista à examiner les écritures des officiers employés dans les bureaux de l'état-major et à les comparer avec celle du document. Comme on n'arrivait à aucun résultat, on fit appel à M. le commandant du Paty de Clam, qui passait pour avoir des *connaissances graphologiques*. Le document lui fut soumis pendant deux jours; le 7 octobre, sur son affirmation que l'écriture était semblable à celle du capitaine Dreyfus, l'enquête fut continuée. Le 9 octobre, M. Gobert, expert de la Banque de France et de la Cour d'appel, fut commis à fin d'expertise. Quelques jours après — **je suis là, mot à mot, le rapport d'accusation de M. le commandant Besson d'Ormescheville, et les démentis qu'on me** donnera seront donnés à ce rapport d'accusation — M. le général Gonse se rendit chez M. Gobert, qui, au cours de la conversation, lui demanda le nom de la personne incriminée.

Cette demande parut d'autant plus suspecte(!) que M. Gobert réclamait un délai pour mener à bien son examen. **Cette suspicion était injustifiable, car il est de pratique constante que jamais expert ne signe un rapport d'expertise sans savoir de qui émanent les pièces qu'on lui a communiquées. Quel expert me démentira ?** Quoiqu'il en soit, M. Gobert fut invité à remettre son travail et les pièces qui lui avaient été confiées. Il donna ses conclusions sous forme de lettre au ministre. Les voici : «**Etant donnée la rapidité de mes examens, commandée par une extrême urgence, je crois devoir dire : la lettre missive incriminée pourrait être d'une personne autre que la personne soupçonnée.**» Ces conclusions furent remises *le 13 au matin, et l'après-midi même*, le capitaine Dreyfus recevait une lettre l'invitant à se trouver, *le lundi 15 octobre*, au ministère de la guerre pour l'inspection générale.

On l'inculpait déjà sur une expertise défavorable à l'accusation !

La veille, M. Bertillon, chef du service de l'identité judiciaire, désigné par le préfet de police sur la demande du général Mercier, ministre de la guerre, avait reçu des spécimens d'écriture et une photographie du bordereau (désigné constamment par l'accusation sous le nom de *lettre missive*).

Le 13 octobre, les pièces remises le matin par M. Gobert furent envoyées à M. Bertillon qui, le soir, formula ses conclusions. Les voici : « **Si l'on écarte l'hypothèse d'un document forgé avec le plus grand soin (??) il appert manifestement que c'est la même personne qui a écrit la lettre et les pièces communiquées.** » Nous serons conduit à examiner le rapport de M. Bertillon.

Le 14 octobre, M. le commandant du Paty de Clam, chef de bataillon hors cadre, fut délégué par le ministre de la guerre comme officier de police judiciaire, à l'effet de procéder à l'instruction de l'affaire et à l'arrestation du capitaine Dreyfus.

Ainsi, puisqu'il nous faut toujours ignorer la pièce que le général Mercier continuait à tenir secrète et à dérober à l'instruction comme elle le sera à la dé-

fense, il suffisait de deux expertises contradictoires pour jeter en prison un homme que rien n'accusait. Avec ce système, on peut emprisonner tout le monde. Si l'on admet que le témoignage de deux experts, en l'absence de toute autre preuve, est suffisant pour accuser quelqu'un et pour convaincre un juge, c'en est fait de la liberté de chacun. *Que dire donc, lorsqu'on se contente d'une seule affirmation prétendue compétente, quand elle est démentie par l'affirmation contraire d'un expert de compétence égale ?* L'égarement fut tel que, je l'affirme encore, on ne songea pas à faire filer l'officier suspecté, alors qu'il ne se doutait pas de l'accusation dont il était l'objet, on ne tenta ni de suivre ses démarches, ni de contrôler sa correspondance. **On me démentira peut-être, on dira que tout cela a été fait, je le nie, et l'acte d'accusation n'en contient pas trace.**

L'ARRESTATION

Je reviens au récit de l'*Éclair*. Suivant lui, le commandant du Paty de Clam écrivit le 14 novembre au capitaine Dreyfus pour le prier de vouloir bien venir le trouver au ministère le lendemain matin pour une communication qui l'intéressait :

« Dreyfus, qui était loin de soupçonner que l'on connaissait ses agissements, fut exact au rendez-vous. Il arriva à l'heure fixée, vêtu d'un costume civil.

— Je suis très heureux de vous voir, mon cher camarade, lui dit le commandant. Si vous voulez, nous sortirons ensemble tout à l'heure et je vous communiquerai ce que j'ai à vous dire; en ce moment je suis très pressé; soyez donc assez aimable pour écrire sous ma dictée, pendant que je classe les dossiers que j'ai là, une lettre que j'ai à envoyer au général de Boisdeffre, au sujet de documents qu'il m'a demandés.

Le commandant se mit alors à dicter au capitaine une lettre dont les termes étaient exactement les mêmes que ceux de la lettre dans laquelle le traître annonçait l'envoi des cinq documents que nous avons énoncés plus haut et qui commençait par ces mots : « Je pars... »

A ces premiers mots, le capitaine pâlit, sa main trembla, la plume décrivait des sinuosités.

— Mais écrivez donc droit, mon cher, dit le commandant.

Dreyfus chercha à se ressaisir, mais, presque aussitôt, sa main fut agitée par un tremblement nerveux.

— Qu'avez-vous donc? reprit le commandant.

— J'ai froid aux doigts, répondit, après quelque hésitation, Dreyfus en balbutiant.

La température était ce jour-là très modérée et il y avait du feu dans le bureau. Le commandant continua sa dictée, mais bientôt Dreyfus lui dit :

— Je ne sais ce que j'ai, il m'est impossible d'écrire.

Alors le commandant se leva brusquement, se

dirigea vers la porte voisine et l'ouvrit. M. Cochefert, chef de la sûreté, et le commandant Henry, attaché à la section de statistique, entrèrent dans le bureau.

M. Cochefert marcha vers Dreyfus, lui mit la main sur l'épaule :

— Au nom de la loi, je vous arrête.

— Mais pourquoi? de quoi m'accuse-t-on? dit le capitaine.

— Vous le savez bien, répondit le commandant Mercier du Paty de Clam; votre émotion en écrivant la lettre que je vous dictais tout à l'heure en est une preuve suffisante.

— Je vous affirme que je ne comprends pas, reprit Dreyfus bouleversé.

— Allons donc! Il est inutile de vous débattre devant l'évidence. Votre trahison est découverte.

Le capitaine continua à protester de son innocence, disant qu'il était victime d'une erreur ou d'une vengeance; mais le chef de la sûreté fit cesser la scène, en le remettant aux mains du commandant Henry, qui l'emmena aussitôt et le fit monter dans une voiture qui stationnait devant la porte du ministère. Les deux officiers étaient vêtus en civil et rien dans leur attitude ne pouvait laisser soupçonner que l'un d'eux était un prisonnier.

Dix minutes plus tard, la voiture s'arrêtait devant la prison du Cherche-Midi et les deux officiers se dirigeaient, sans que personne fît attention à eux, vers le logement de l'agent principal, où attendait le chef de bataillon Forzinetti, commandant les prisons militaires du gouvernement de Paris.

Le commandant Henry remit au commandant Forzinetti un ordre du ministre de la guerre, lui prescrivant d'écrouer le capitaine Dreyfus, accusé de haute trahison, sans inscrire son nom sur les registres de la prison, de le mettre au secret sans qu'il pût communiquer avec le personnel de surveillance, à l'exception de l'agent principal qui serait seul chargé d'assurer sa nourriture. L'ordre portait également qu'il était formellement interdit, tant au commandant qu'à l'agent principal, de faire connaître à qui que ce fût l'arrestation du capitaine.

Le capitaine Dreyfus fut alors conduit dans une chambre voisine du logement de l'agent principal et y fut enfermé.

Quelques heures plus tard, le commandant Mercier du Paty de Clam se présentait, accompagné du chef de la sûreté, au domicile du traître, et demandait à parler à Mme Dreyfus, qui le reçut aussitôt.

— Nous sommes chargés, Madame, dit le commandant, d'accomplir auprès de vous une très triste mission.

— Mon mari est mort ! s'écria Mme Dreyfus.

— Non, Madame.

— Il est blessé alors !

— Non, Madame. Il est retenu par ordre du ministre, et nous avons été requis de perquisitionner ici dans les papiers de votre mari.

Le commandant et le chef de la sûreté fouillèrent minutieusement. Leurs recherches furent vaines ; ils ne trouvèrent rien. Les pièces compromettantes avaient été mises à l'abri, probablement dans le coffre-fort d'un complice. »

Est-ce ainsi que se passèrent les événements ? Pas précisément. Nous allons rectifier :

Le lundi 15 octobre, le capitaine Dreyfus,

convoqué, comme je l'ai déjà dit, *par lettre du 13 octobre et non du 14*, sous prétexte d'inspection générale, se rendit au ministère. Quand le chef d'état-major général reçoit les officiers en inspection, il les reçoit sans témoins; lorsque le capitaine Dreyfus fut introduit dans le cabinet du général de Boisdeffre, — où des glaces étaient disposées pour pouvoir surveiller ses jeux de physionomie — il se trouva, à sa grande surprise, *en présence du commandant du Paty de Clam et de trois personnes qu'il ne connaissait pas*; le commandant le pria de s'asseoir à une table en attendant le général de Boisdeffre qui ne vint pas et que le capitaine ne vit jamais au cours du procès, pas plus que tout autre officier supérieur de l'état-major.

M. du Paty lui demanda d'écrire sous sa dictée une lettre et le capitaine Dreyfus, dont l'étonnement redoublait, ayant consenti, il se plaça à ses côtés et lui dicta une missive dans laquelle étaient énumérés les documents figurant dans le bordereau incriminé. Tout à coup, M. du Paty s'arrêta : « *Votre main tremble* », dit-il au capitaine Dreyfus. « *J'ai froid aux doigts* », répondit le capitaine, M. du Paty reprit sa dictée, puis : « *Faites attention, recommanda-t-il, c'est grave,* » et à peine avait-il fini de dicter, qu'il saisit le bras du capitaine

Dreyfus et : « *Au nom de la loi, je vous arrête, vous êtes accusé du crime de haute trahison* ».

Cette scène, d'ordinaire mélodrame, avait été imaginée par M. du Paty de Clam. Si je la rapporte, c'est que l'accusation a laissé entendre que le trouble du capitaine Dreyfus, pendant qu'il écrivait, décida de son arrestation. L'arrestation avait été décidée avant, nous l'avons vu, le mandat avait été signé le 14 et *le 14 au soir le commandant de la prison militaire du Cherche-Midi recevait l'ordre écrit de préparer une cellule pour un prisonnier d'État*. Le 15, au matin, le lieutenant-colonel d'Aboville se rendait au Cherche-Midi pour communiquer au commandant Forzinetti des instructions secrètes. Puis, tout en attendant l'arrivée du capitaine Dreyfus, *il appela l'attention de M. Forzinetti sur les propositions que lui feraient sans doute la banque cosmopolite et la haute juiverie, et il lui demanda sa parole d'honneur d'obéir strictement aux injonctions ministérielles, ce que le commandant Forzinetti refusa de faire, disant qu'il n'avait, en soldat, qu'à suivre les ordres de son supérieur*.

Le trouble, exact ou supposé, du capitaine Dreyfus, ne fut donc pas la cause véritable de son arrestation. La scène jouée dans le cabinet du général de Boisdeffre donna-t-elle une valeur quelconque à l'accusation ? Qui pourrait l'affirmer ! Dans ce que M. du Paty de Clam et les policiers présents ont appelé le trouble, la défense n'a jamais vu que la manifestation du sentiment de surprise que dut éprouver naturellement le capitaine Dreyfus devant une mise en scène aussi inusitée; tout autre officier, en pareille circonstance, eût témoigné visiblement le même étonnement et en eût donné des marques.

LES PERQUISITIONS ET LA PREMIÈRE INSTRUCTION

Sitôt le capitaine Dreyfus écroué, le commandant du Paty de Clam et M. Cochefert se présentèrent à son domicile. Ils annoncèrent à Mme Dreyfus l'arrestation de son mari et procédèrent à une perquisition minutieuse, qui, *de l'aveu même de M. du Paty de Clam*, ne donna aucun résultat. Le rôle de M. Cochefert était terminé, celui de M. du Paty ne faisait que commencer. Il est nécessaire d'y insister pour montrer l'état d'esprit et l'acharnement inexplicable de celui qui était érigé en juge d'instruction; il est indispensable de dire comment fut traitée une femme que frappait le plus inattendu, le plus incompréhensible des malheurs

Lorsque j'aurai exposé la conduite de M. du Paty de Clam, on comprendra que le capitaine Dreyfus ait pu dire un jour : « *Je n'ai pas eu affaire à des instructeurs, mais à des bourreaux.* »

Pendant les dix-sept jours que dura l'instruction, le commandant du Paty de Clam vit journellement Mme Dreyfus. *Non seulement, il refusa de lui dire quelle était l'accusation qui pesait sur son mari, mais il lui laissa ignorer la prison où il était détenu; non seulement il ne l'autorisa pas à lui transmettre des nouvelles de sa santé et de celle de ses enfants, dont l'un était malade le jour de l'arrestation, mais il lui défendit d'informer quiconque de ce qui s'était passé.* Il lui dit qu'en dehors du ministre et de ceux qui étaient chargés de l'instruction, nul ne devait savoir ce qu'était devenu son mari. Comme Mme Dreyfus objecta qu'elle devait prévenir ses beaux-frères, il lui dit qu'un mot prononcé par elle serait la perte de son mari et que le seul moyen de le sauver était de se taire.

Dès le 16 octobre, alors que l'enquête commençait, le commandant du Paty dit à Mme Dreyfus que toutes les preuves étaient réunies contre le capitaine et lui laissa entendre qu'il encourait la peine de mort. Mme Dreyfus lui ayant demandé sur quoi s'appuyaient ses preuves. « *Sur mon intime conviction,* » répondit-il. Devant cette femme affolée, plongée dans les ténèbres les plus profondes, ignorant quels pouvaient être les faits reprochés à son mari et protestant de toute sa force contre l'abominable accusation, *il traitait le capitaine Dreyfus de lâche, de gredin, de misérable.*

Comme il ne trouvait aucune lettre indiquant des relations suspectes, il en concluait à la culpabilité du prisonnier. Quand Mme Dreyfus le questionnait, il lui démontrait que son mari était un scélérat invétéré, capable d'une incroyable dissimulation. *Il traçait sous ses yeux un cercle dans lequel il faisait entrer un certain nombre d'hommes susceptibles d'avoir commis le crime mystérieux; puis, traçant d'autres cercles pour éliminer les uns après les autres des soupçonnés, il arrivait au capitaine Dreyfus.*

Il affirmait à Mme Dreyfus que son mari avait une vie double, parfaite pour sa famille, monstrueuse en réalité. « *Souvenez-vous du masque de fer,* » lui disait-il d'autres fois; ou bien : « *Son gardien, un officier supérieur, a répondu de lui sur sa tête; si j'étais à sa place, j'aurais tellement peur qu'il ne m'échappe, que je me coucherais au travers de sa porte; j'épierais son sommeil.* » Cependant, il se contredisait parfois, volontairement sans doute; il laissait espérer la malheureuse femme et, le 1er novembre, il lui écrivait qu'elle pouvait attendre une ordonnance de non-lieu.

Je ne commenterai pas ces faits; une appréciation n'y ajouterait rien; ils parlent d'eux-mêmes, et la façon dont le commandant du Paty de Clam dirigea l'instruction et agit vis-à-vis de l'homme qu'on lui avait livré, complétera le tableau que je viens de tracer de l'équité et de l'impartialité du juge.

Au secret, le capitaine Dreyfus fut mis pendant dix-sept jours à la torture, torture morale plus abominable cent fois que la torture matérielle. **Pendant quinze jours, il ignora l'accusation qui pesait sur lui.** Il recevait cependant la visite journalière du commandant du Paty de Clam. Le commandant venait le soir, accompagné de son greffier, et dans ces entrevues il oublia toujours qu'il avait devant lui un accusé et non un coupable. Il n'abordait l'homme qu'on avait mis entre ses mains que l'injure à la bouche. A celui qu'il laissait dans l'ignorance du crime dont on l'accusait, il enlevait tous les moyens de défense. Il faisait subir au mari les angoisses qu'il faisait subir à la femme.

Il lui disait : « *Vous êtes perdu, il n'y a que la Providence pour vous tirer de là.* » A ses interrogations désespérées, il ne faisait que des réponses ambiguës. Un soir, le capitaine supplia ses tourmenteurs, leur demandant de lui dire de quoi il s'agissait ; le greffier répondit : « *Supposez qu'on trouve votre montre dans une poche où elle n'aurait pas dû être* ; » le commandant du Paty acquiesça d'un geste. On le prévenait que ses complices allaient être arrêtés ; que son emprisonnement, quoique secret, était connu de toutes les « *officines allemandes.* » S'il attestait son innocence, son bourreau lui répliquait : « *L'abbé Bruneau disait aussi qu'il était innocent, et cependant il est mort sur l'échafaud.* »

Dix fois, dans son affolement, le malheureux voulut se suicider : dix fois il résista, car il savait que le suicide serait pour les esprits prévenus l'aveu de sa culpabilité et, qu'étant innocent, il n'avait pas le droit de mourir.

Jusqu'au quinzième jour de son arrestation, on posa au capitaine Dreyfus des questions à double entente et on fit divaguer son esprit en le lançant sur les pistes les plus contradictoires. Nous verrons le parti que l'instruction a tiré de ce système. Enfin, *le quinzième jour, on lui montra la photographie du bordereau qu'on l'accusait d'avoir écrit.* Le lendemain, le commandant du Paty de Clam remettait son rapport au général Mercier.

LA SECONDE INSTRUCTION

« Ce n'est que le 1ᵉʳ novembre, poursuit l'*Eclair*, que le public apprenait, par une note de l'*Eclair*, l'arrestation du traître. Le général Saussier fit appeler le commandant Forzinetti et lui reprocha vivement de ne pas lui avoir rendu compte de l'incarcération du capitaine ; le commandant se retrancha derrière les ordres du ministre qui n'admettaient aucune exception, et le gouverneur de Paris finit par reconnaître que la conduite de son subordonné avait été absolument correcte.

Le 3 novembre, le général Saussier recevait du ministre de la guerre le dossier de l'affaire et donnait immédiatement l'ordre d'informer contre le capitaine Dreyfus, prévenu de s'être rendu coupable du crime prévu et réprimé par l'article 76 du Code pénal ainsi conçu :

« Quiconque aura pratiqué des machinations, ou entretenu des intelligences avec les puissances étrangères ou leurs agents, pour les engager à commettre des hostilités ou à entreprendre la guerre contre la France, ou pour leur en procurer les moyens, sera puni de mort. Cette disposition aura lieu dans le cas même où lesdites machinations ou intelligences n'auraient pas été suivies d'hostilités. »

Article complété par l'article 7 de la loi du 8 octobre 1830 ainsi conçu :

« Sont réputés politiques les délits prévus

1° par les chapitres 1 et 2 du titre I*er* du livre III du Code pénal. »

Et modifié par l'article 5 de la constitution du 4 novembre 1848, ainsi conçu :

« La peine de mort est abolie en matière politique. »

Et l'article premier de la loi du 8-10 juin 1850, ainsi conçu :

« Dans tous les cas où la peine de mort est abolie par l'article 5 de la constitution, cette peine est remplacée par celle de la déportation dans une enceinte fortifiée, désignée par la loi hors du territoire continental de la République. » . . . .

Dès que le dossier eut été remis, avec l'ordre d'informer, au parquet du Conseil de guerre, l'instruction commença, instruction absolument secrète. Dreyfus, redevenu complètement maître de lui, persista toujours au cours des débats, malgré les charges accablantes qui pesaient sur lui, à protester de son innocence. »

Il est exact que le général Saussier a été tenu dans l'ignorance, exact qu'il en ait adressé des reproches au commandant Forzinetti, *et cet incident secret n'a pu être, je le répète encore, communiqué à l'Éclair que par quelqu'un mêlé de très près au procès.* Ce qui est inexact, c'est de faire commencer à ce moment l'instruction ; ce qui est inexact encore, c'est que des charges accablantes aient pesé sur le capitaine Dreyfus.

Dès que le parquet du conseil de guerre eut été saisi, M. le commandant Besson d'Ormescheville fut chargé de l'instruction et du rapport, mais le commandant du Paty de Clam travailla constamment avec lui, comme avec le commandant Brisset, commissaire du gouvernement. Il n'abandonna jamais l'affaire, et c'est lui qui introduisit dans le dossier des lettres et rapports de police non signés, dont la fausseté fut reconnue plus tard. Comme cet étrange juge d'instruction *n'avait entendu aucun témoin*, ce soin incomba à M. d'Ormescheville ; il en entendit vingt-trois et son enquête, ainsi que les enquêtes policières, durèrent deux mois. **Que produisirent-elles ? Rien.**

Pendant la durée de l'instruction, comme récemment encore, les informations les plus contradictoires, les plus invraisemblables, circulèrent dans les journaux. Le capitaine Dreyfus, disait-on, trahit depuis son entrée dans l'armée ; il a trahi à Fontainebleau, au Mans, à Paris, à l'école de guerre, enfin à l'état-major, où il n'était entré que pour trahir. Il a livré le nom des officiers envoyés à l'étranger, les secrets de la mobilisation, du transport et de la concentration des troupes. On l'a vu partout accomplissant son œuvre, à Monaco, à Nice, à Londres, à Bruxelles, à Rome, à Berlin, à Saint-Pétersbourg, dans les villes frontières. Il fréquentait aussi les salons interlopes, jouait dans tous les cercles, suivait les courses, accomplissait sa besogne régulière au ministère de la guerre et se conformait aux obligations familiales que lui commandait sa dissimulation. Deux vies d'homme n'eussent pas suffi à remplir tout ce programme !

Il est ruiné, couvert de dettes, affirmaient les uns, riche à millions, affirmaient les autres ; il a des propriétés à Bordeaux, à Bourges, prétendaient ceux-ci, on a trouvé chez lui 400,000 fr. en or, prétendaient ceux-là !

LES COMPLICES

On insinuait qu'il avait des complices. L'*Eclair* l'a encore affirmé :

« Nous touchons, dit-il, à une question d'autant plus délicate que nous ne croyons pas que l'on puisse et que l'on veuille recommencer le procès pour ceux des complices que l'enquête à dessein écarta tout d'abord. Nous ne signalons ce détail que parce qu'il a été abordé dans l'enquête et qu'il concourt à établir la culpabilité de Dreyfus.

Si l'on perquisitionna chez Dreyfus, on ne perquisitionna pas chez ses alliés. Or, l'un de ceux-ci, deux jours plus tard, partait pour l'Italie. Un agent le filait et le voyait entrer au ministère de la guerre à Rome. L'agent n'avait pas mission de l'arrêter. Il se borna à faire son rapport.

On ne savait quelles raisons exactement appelaient

au ministère italien ce personnage ; mais on savait que des documents secrets sur les ouvrages du corps retranché de Nice avaient été en possession de Dreyfus.

Le capitaine, au cours de l'un des voyages d'état-major accomplis par les élèves de l'Ecole supérieure de guerre, avait étudié avec soin ces ouvrages sur lesquels il avait rédigé un rapport très détaillé qu'il avait pu compléter plus tard, à l'aide des renseignements recueillis par lui à l'état-major de l'armée.

On ne crut pas devoir inquiéter ce personnage, car la justice militaire, rendue incompétente par l'introduction d'un civil dans l'affaire, aurait dû se dessaisir et Dreyfus aurait échappé au Conseil de guerre pour comparaître devant la Cour d'assises.

D'ailleurs, une surveillance incessante exercée sur ce personnage suspect pouvait faire découvrir d'autres complices, car on en soupçonnait et l'on en soupçonne encore, à Nice notamment, qui sont observés de fort près. »

Tout cela est faux. On a filé en effet une personne **et cette personne est prête à se faire connaître.** Si on ne l'a pas inquiétée, c'est qu'elle ne pouvait l'être en aucune façon ; il n'existe pas de complice et il ne peut en exister, **puisqu'il n'y a pas eu trahison.** Quant aux autres assertions, elles sont purement fantaisistes, mais elles tendent à tromper volontairement l'opinion publique ; je n'en rends pas responsable le journal qui les a reproduites.

Maintenant encore, ces affirmations ont été

répétées. Faisant allusion aux lignes qui précèdent, M. Montville (*Journal* du 9 novembre 1896), écrivait :

L'auteur de la brochure se trompe. Dreyfus a eu des complices. Dans le numéro du 16 septembre, le *Journal* a publié, à ce sujet, un entrefilet qui fut très reproduit et qui n'a jamais été démenti parce qu'il ne pouvait pas l'être.

Le voici :

« On parle d'un complice de Dreyfus qui, au lendemain de l'arrestation de ce dernier, aurait gagné l'Italie. On aurait pu arrêter ce complice, mais on y renonça. C'était un civil, et la justice militaire devenant incompétente, il aurait fallu juger Dreyfus devant la cour d'assises. C'était ce qu'il fallait éviter. Cet espion, qui est Italien, est bien connu au ministère de la guerre, qui, depuis plusieurs années, le fait étroitement surveiller. Mais l'ex-capitaine Dreyfus, *on en a la certitude, aurait un autre complice* qui ne serait pas le premier venu, qui jouirait d'une fortune considérable et occuperait une haute situation. L'inquiétera-t-on, celui-là ?

Le lendemain de l'apparition de ces lignes, le complice en question était, d'une façon des plus transparentes, désigné par un de nos confrères. »

Je suis obligé de le répéter une fois de plus : ce sont là des racontars sans valeur ; il n'y a pas et **il ne peut y avoir** de complices civils du capitaine Dreyfus. **Je mets au défi**

M. Montville, comme tout autre, d'en désigner un seul.

LES CHARGES

Au moment du procès, le mystère que le gouvernement laissa planer sur l'accusation explique suffisamment l'affolement du reportage parisien ; mais on pesa directement sur quelques journaux, on leur envoya des informations mensongères, des notes équivoques et sensationnelles.

En même temps, le général Mercier, ministre de la guerre, oubliant l'influence qu'il devait avoir sur des juges militaires, se laissait interviewer. On était aux premiers jours de l'instruction et le général Mercier affirmait que les charges les plus accablantes s'élevaient contre le capitaine Dreyfus, qu'on avait les preuves les plus flagrantes de sa trahison.

« *J'ai soumis à M. le président du conseil et à mes collègues, disait-il à M. Leser* (Figaro du 28 novembre 1894), *les rapports accablants qui m'avaient été communiqués et, sans aucun retard, l'arrestation du capitaine Dreyfus a été ordonnée. On a écrit à ce sujet beaucoup d'inexactitudes : on a dit, notamment, que le capitaine Dreyfus avait offert des documents secrets au gouvernement italien. C'est une erreur. Il ne m'est pas permis d'en dire davantage, puisque l'instruction n'est pas close. Tout ce que l'on peut répéter, c'est que la culpabilité de cet officier est absolument certaine et qu'il a eu des complices civils* ». M. Leser ajoutait : « *A l'état-major de l'armée, on sait, de source certaine, que Dreyfus était, depuis plus de trois ans, en relations avec les agents d'un gouvernement étranger qui n'était ni le gouvernement italien, ni le gouvernement austro-hongrois. Mais, si l'on a les preuves matérielles de son infamie, on n'a pas réussi jusqu'à présent à démontrer qu'il ait été payé.* »

Quelle pression des déclarations venant d'une telle source ne devaient-elles pas exercer sur l'opinion publique et sur les esprits de ceux qui ont pour habitude d'accepter les affirmations de leurs chefs hiérarchiques ? Et cependant, le général Mercier n'avait en sa possession que les deux rapports d'expertises de MM. Gobert et Bertillon qui se contredisaient l'un l'autre. L'acte d'accusation ne contient aucune trace de ces *rapports accablants* dont M. le général Mercier certifiait l'existence, pas plus qu'il ne donne d'indications sur les complices civils, pas plus qu'il ne parle des prétendues relations de Dreyfus avec les agents d'un gouvernement étranger. L'interview de M. le général Mercier n'était donc pas l'expression de la vérité et *la seule pièce à laquelle le ministre de la guerre pouvait faire allusion était, nous le savons maintenant, la pièce secrète que l'Eclair a rendue publique. Si nous laissons de côté cette pièce et nous le ferons, provisoirement, puisqu'elle n'a pas figuré au procès,* **aucune charge ne s'élevait contre le capitaine Dreyfus, quand il comparut le 19 décembre devant le Conseil de guerre. Après quatre jours de débats, il fut constaté qu'il n'avait aucune relation suspecte, que les voyages à l'étranger, les besoins d'argent, les habitudes de jeu, la fréquentation des femmes étaient des légendes.**

On a essayé encore maintenant de les faire revivre et dans l'article que j'ai cité plus haut, M. Montville écrit ceci : « *Autre fait qui a aussi son importance : M. Bernard Lazare affirme que Dreyfus n'a jamais eu de maîtresse. Il ignore sans doute les relations de l'ancien capitaine d'artillerie avec Mme B..., aujourd'hui en fuite et que la police recherche toujours.* » Je n'ignore pas cela. Le capitaine Dreyfus a fréquenté, en effet, **avant son mariage**, le salon de Mme B... et a pu avoir avec elle des relations, mais il se trouvait dans ce salon en compagnie de nombreux officiers, généraux et personnages appartenant à la haute diplomatie qu'il serait facile de nommer. Est-il possible de trouver dans un fait aussi simple un élément de culpabilité ? Il est vrai qu'on ajoute que Mme B... est recherchée par la police; mais si cela est, on sait fort bien que ce ne peut être que pour des causes privées et même absolument intimes, et que jamais Mme B... n'a été suspecte. D'ailleurs, c'est au commissaire du gouvernement dans le procès Dreyfus que doit aller le démenti de M. Montville, car ce commissaire **a été obligé** de reconnaître la parfaite probité de l'accusé, son honorabilité absolue, la régularité de sa vie.

Résumons-nous. De quoi est accusé le capitaine Dreyfus ? D'avoir livré des documents à une ambassade étrangère Qu'apporte-t-on comme preuve ? Une lettre, sorte de mémorandum, contenant la liste des documents livrés. Cette lettre, repoussée par le capitaine Dreyfus est, dit-on, de son écriture. *Trois experts l'affirment, et un de ceux-là sera, avant la fin du procès, disqualifié par la Cour d'appel pour une erreur grave,* deux experts le nient; mais l'accusation ne s'appuie réellement que sur le rapport de M. Bertillon.

LE RAPPORT BERTILLON

Avant de parler de la lettre, analysons ce rapport.

Le capitaine Dreyfus, dit M. Bertillon, *a décalqué* son écriture tout en y introduisant certaines modifications, pour pouvoir arguer, en cas d'accusation, qu'il n'aurait pas été assez naïf pour écrire le document avec sa propre écriture. Ainsi le capitaine Dreyfus met des déliés au commencement des mots et pas à la fin; dans la pièce incriminée, les déliés n'existent pas au commencement des mots, mais sont ajoutés à la fin : *C'est voulu, affirme M. Bertillon.*

Le capitaine Dreyfus a l'habitude de mettre dans les mots à deux *s*, un long *ſ* d'abord, un petit *s* ensuite ; dans la pièce incriminée on observe le contraire, *ſs*, écriture authentique ; *sſ*, écriture du document : *C'est voulu, affirme encore M. Bertillon.*

Le mot *responsable* qui se trouve dans la lettre incriminée n'est pas absolument semblable à l'écriture de l'accusé, il est tremblé au milieu. *C'est, dit M. Bertillon, que le capitaine Dreyfus, en écrivant ce mot, a tremblé en pensant aux responsabilités qu'il encourait !*

Le mot *adresse* dans la lettre incriminée

s'applique exactement sur la signature du capitaine : A. Dreyfus !

Telles sont les déductions principales de l'expert.

A son travail, M. Bertillon a ajouté un dessin représentant un bastion central dans lequel le capitaine est établi et dresse ses plans ; de ce bastion partent des tranchées souterraines aboutissant à des redoutes de diverses grandeurs, armées de canons à longue et petite portée : *c'est le graphique du travail mystérieux auquel le traître s'est livré dès son entrée au ministère.*

Au cours de sa déposition devant le conseil de guerre, déposition qui dura trois heures et fut incompréhensible pour tous, *comme le déclara le commissaire du gouvernement, le commandant Brisset,* M. Bertillon affirma qu'il avait trouvé dans le bordereau, *à l'aide de procédés qui lui sont spéciaux, la somme touchée par le capitaine Dreyfus comme prix de sa trahison :* **cinq cent mille francs.**

Quand on prétend posséder de pareils moyens d'investigation et qu'on tient entre ses mains, comme expert assermenté, l'honneur et la liberté des gens, on devient un maniaque dangereux.

Dans une interview parue dans le *Matin* du

10 novembre 1896, M. Bertillon a bien voulu, tout en confirmant mes renseignements, donner quelques détails nouveaux. Il a fait la déclaration suivante : « *Quiconque a pu comparer le document avec les vingt-neuf autres pièces du dossier, affirme en son âme et conscience que c'est la même main qui a tracé et la lettre preuve de trahison et les pièces que Dreyfus reconnaît avoir écrites.* » Tel n'a pas été cependant l'avis de deux experts, dont la compétence vaut celle de M. Bertillon, et qui n'ont pas partagé sa conviction, je veux parler de MM. Gobert et Pelletier, qui n'ont pas encore été interviewés. La comparaison cependant des rapports des experts serait utile, elle montrerait quelle foi nous pouvons avoir en leur valeur. MM. Gobert et Pelletier en effet, parlant de l'écriture du document, ont dit : « Cette écriture *est une écriture courante* », elle n'est pas du capitaine Dreyfus à cause des différences que nous y constatons. Les autres experts dont M. Bertillon, ont dit : « Cette écriture *n'est pas une écriture courante, elle a été fabriquée, les différences sont voulues pour dépister les recherches.* » Ces hommes si subtils n'ont pas songé une minute que si l'auteur du document tenait tant à dépister les recherches — ce qui est naturel — il eût été plus simple pour lui de

livrer des pièces sans en envoyer un bordereau, comme un commerçant livrant sa marchandise.

Voilà sur quelles affirmations contradictoires on a condamné un homme !

Avant l'en finir avec M. Bertillon, il me faut examiner deux passages de son interview. « *Il me serait facile*, dit-il en parlant de la première édition de cette brochure, *de relever les contradictions qui fourmillent. Par exemple, l'auteur de la brochure dit tout d'abord que le commandant Brisset, qui remplissait les fonctions de commissaire du gouvernement, s'est servi de mon rapport pour l'accusation, et plus loin il déclare que ma déposition fut incompréhensible pour tous, de l'aveu même du commandant Brisset. Or, ma déposition fut la reproduction de mon rapport.* » M. Bertillon a mal lu ce dont il parle. J'ai dit non pas que M. le commandant Brisset s'était servi de son rapport, mais que M. le commandant Besson d'Ormescheville s'était appuyé sur lui. Il n'y a donc pas contradiction entre mes deux affirmations, et M. Bertillon doit se résoudre à cette blessure d'amour-propre. Le second passage auquel je fais allusion dans cette interview est celui-ci :

« Quant à l'affirmation que me prête M. Bernard Lazare d'avoir trouvé dans le bordereau, à l'aide de procédés qui me sont spéciaux, la somme touchée par le capitaine Dreyfus pour sa trahison, cinq cent mille francs, c'est une simple fumisterie.

« Cela n'est plus argumenter, c'est vouloir ridiculiser. »

Je constate simplement que M. Bertillon se considère comme ridiculisé par le fait d'avoir trouvé la somme de cinq cent mille francs dans le bordereau, et je maintiens qu'il a fait cette déclaration à l'audience, sans doute pour rendre plus probantes les conclusions de son rapport, fortifiées déjà par le petit dessin dont j'ai parlé et sur l'existence duquel M. Bertillon n'insiste pas.

LA DÉCOUVERTE DU DOCUMENT

Venons-en au document. Comment tomba-t-il entre les mains du ministère? Nous l'ignorons. Mais voici le récit que, sous la signature de Montville, nous fait le *Journal* du 10 septembre 1896 :

« Vers la fin de septembre 1894, lorsque l'on eut constaté une « fuite » dans les bureaux de l'état-major du ministère de la guerre et que l'on fut parvenu à se procurer la photographie d'une lettre que les attachés militaires allemands adressaient à leurs collègues de l'ambassade italienne, on s'employa à établir nettement la culpabilité de Dreyfus. Ce ne fut pas chose facile; il fallut user de stratagèmes et de ruses, mais enfin les recherches du service de renseignements de la guerre furent couronnées de succès.

Il y avait à l'ambassade d'Allemagne un garçon de bureau très naïf et très complaisant dont l'unique fonction consistait à balayer, ranger et épousseter les bureaux. Ce domestique qui gagnait peu et était très âpre au gain, ne négligeait aucune occasion d'augmenter ses maigres émoluments par toutes sortes de petits profits. Cet amour de l'argent l'a perdu.

Depuis plusieurs années, il vendait à un chiffonnier les papiers qu'il trouvait dans les corbeilles de l'ambassade, bien qu'on lui eût formellement recommandé de brûler tout ce qu'il trouvait en faisant ses bureaux. Cet homme était loin de se douter qu'il pût y avoir dans les paperasses déchirées, chiffonnées, qu'il ramassait, des choses de la plus haute importance pour certaines gens. Or, un jour, au moment où il sortait du 78 de la rue de Lille, il se trouva en face de deux chiffonniers qui l'abordèrent très poliment.

— Pardon, Monsieur. Vous vendez les vieux papiers que vous ramassez tous les jours à un marchand qui ne vous donne presque rien, qui vous exploite. Si vous vouliez faire affaire avec nous, vous réaliseriez de sérieux bénéfices.

Les pourparlers durèrent quelques minutes ; puis, le marché fut conclu et scellé devant un comptoir de marchand de vin. Le lendemain, les deux chiffonniers, qui étaient maintenant au mieux avec le garçon de l'ambassade, pénétraient dans l'immeuble de la rue de Lille et prenaient livraison des vieux papiers.

Pendant une semaine, ils vinrent régulièrement

tous les matins. De temps à autre, ils offraient un verre au garçon qui, en bon Allemand qu'il était, aimait assez à lever le coude. Leur mission faite, les chiffonniers s'en allaient, faisaient plusieurs détours, puis arrivaient sur le quai où un homme les allégeait de leurs paniers qui, mis dans une voiture, étaient aussitôt portés au ministère de la guerre. Là, on les triait minutieusement. Un jour, l'attention fut enfin attirée par ces mots écrits sur un bout de papier bulle :

« Je vous enverrai très prochainement... manœuvres de la pièce... Madagascar... quand je serai... »

On rechercha les autres morceaux de la lettre qui avait été déchirée en quatre — ce qui faisait seize fragments — et on reconstitua la pièce qui allait devenir la principale preuve, celle qui devait atterrer le coupable.

Je ne discuterai pas maintenant cette version et ne chercherai pas à savoir si les circonstances qu'elle relate sont vraisemblables, j'y reviendrai tout à l'heure; une chose certaine, c'est que le bordereau accusateur a toujours été présenté comme venant, par une voie inconnue, de l'ambassade d'Allemagne. Je ne ferai pas non plus ressortir les contradictions qui existent sur certain point entre l'article de l'*Eclair* et celui du *Journal*. Je veux relever deux détails importants. Le document, dit M. Montville, se compose de **seize fragments** et il est écrit sur **papier bulle**. Ce n'est pas exact, et cependant *il est vrai que la lettre incriminée n'est pas arrivée intacte au ministère et elle n'est pas écrite sur du papier ordinaire.*

DESCRIPTION DU BORDEREAU

Décrivons le bordereau. Il se compose d'une feuille déchirée en **quatre morceaux** et non en seize, et soigneusement recollée, l'aspect d'une lettre négligemment jetée dont on aurait ramassé les lambeaux et qu'on aurait reconstituée. Quelle était la nature du papier sur lequel cette lettre avait été écrite? C'était du *papier à photographie d'un caractère particulier, dont on n'a pas trouvé de spécimen au domicile du capitaine Dreyfus, qui, d'ailleurs, n'a jamais fait de photographie.* Les fournisseurs de ce papier spécial sont peu nombreux; une enquête et des recherches habiles auraient pu donner des indications précises. *Ni enquête ni recherches n'ont été ordonnées.*

Quel était le texte de ce bordereau? Voici celui que donne l'*Eclair*. Il commençait, dit-il, par les mots : « *Je pars.....* » et annonçait l'envoi de cinq documents. Ces cinq documents se composaient :

» 1° De la description détaillée du frein de 120 court qui n'était pas encore en service;

— 60 —

2º Du projet de manuel de tir de l'artillerie;
3º Du projet de manuel de tir de l'infanterie;
4º Des mesures arrêtées pour la mobilisation de l'artillerie à la suite de la loi du 26 juin 1894, supprimant les pontonniers et créant vingt-huit nouvelles batteries
5º Du plan d'opération pour l'expédition de Madagascar établi par le général Renouard, premier sous-chef d'état-major de l'armée;

Telle qu'elle est reproduite par l'*Eclair*, cette pièce est fausse, mais celui qui l'a communiquée connaissait la pièce véritable, **et il l'a sciemment falsifiée,** sans doute pour pouvoir un jour se mettre hors cause. C'est là-dessus que je dois insister : *L'auteur de l'article, ou tout au moins celui qui a fourni les éléments dont il est composé, connaît à fond l'affaire Dreyfus, et il est intéressé à convaincre l'opinion, par tous les moyens, de la culpabilité du capitaine.*

Voici maintenant intégralement le texte de la lettre saisie :

TEXTE DU BORDEREAU

Sans nouvelles m'indiquant que vous désirez me voir, je vous adresse cependant, Monsieur, quelques renseignements intéressants.

1° Une note sur le frein hydraulique de 120 (manière dont s'est conduite cette pièce).

2° Une note sur les troupes de couverture (quelques modifications seront apportées par le nouveau plan);

3° Une note sur les modifications aux formations de l'artillerie;

4° Une note relative à Madagascar;

5° Le projet de manuel de tir de campagne (14 mars 1894).

Ce dernier document est extrêmement difficile à se procurer, et je ne puis l'avoir à ma disposition que très peu de jours. Le ministre en a envoyé un nombre fixe dans les corps et ces corps en sont responsables; chaque officier détenteur doit remettre le sien après les manœuvres. Si donc vous voulez y prendre ce qui vous intéresse et le tenir à ma disposition après, je le prendrai. A moins que vous ne vouliez que je vous le fasse copier in-extenso et ne vous en adresse la copie.

Je vais partir en manœuvres.

Après la publication de cette brochure, ou plutôt de sa première édition, l'exactitude de ce texte fut tout d'abord niée. Le *Soir* du 9 novembre 1896 déclara :

« Ce texte est inexact, nous sommes en mesure de l'affirmer. Voici le vrai :

Je pars pour les manœuvres mais je vous renverrai bientôt, si vous le désirez, quelques notes traitant :

1° De la description détaillée du frein de la pièce de 120 court qui n'était pas encore en service.

2° Du projet de manuel de tir de l'artillerie.

3° Du projet de manuel de tir de l'infanterie ;

4° Des mesures arrêtées pour la mobilisation de l'artillerie à la suite de la loi du 29 juin 1894, supprimant les pontonniers et créant vingt-huit nouvelles batteries.

5° Du plan d'opérations pour Madagascar établi par le général Renouard, premier sous-chef d'état-major de l'armée. »

Ce document n'est autre que le document faux déjà fourni par l'*Eclair* le 15 septembre 1896. Celui qui l'a republié s'est servi de lui pour réfuter ma discussion du bordereau et par conséquent je ne saurais trop le redire, le rapport d'accusation de M. le commandant Besson d'Ormescheville sur lequel je me suis constamment appuyé pour ce

travail; je ne m'arrête donc pas à sa réfutation. Le journal le *Matin* s'est d'ailleurs chargé de confirmer l'authenticité de la pièce donnée par moi, en insérant dans son numéro du 10 novembre 1896, un fac-simile du bordereau, fac-simile qu'il est impossible de considérer comme apocryphe, puisqu'il émane de M. Bertillon. Je reproduis ce fac-simile, on verra que son texte est identique à celui que j'ai cité plus haut.

Ce dernier document est extrêmement
difficile à se procurer et je ne puis
l'avoir à ma disposition que très peu
de jours. Le ministère de la guerre
en a envoyé un nombre fixe aux
corps et ces corps en sont responsables,
chaque officier détenteur doit
remettre le sien après la manœuvre.
Si donc vous voulez y prendre ce
qui vous intéresse et le tenir
à ma disposition après, je le
prendrai. À moins que vous ne
vouliez que je le fasse copier
in extenso chose très en dehors
de copie.

Je suis parti en manœuvres

DISCUSSION DU BORDEREAU

Il est indispensable maintenant d'étudier point par point cette lettre. Pour qu'elle constitue une charge accablante, il faut qu'il soit établi que le capitaine Dreyfus a eu en sa possession les documents dont il parle, ou qu'il ait eu les éléments nécessaires pour rédiger les notes ci-dessus énumérées. **Il faut, qu'en un mot, et c'est une nécessité élémentaire, que l'accusation ait d'autres points d'appui que cette lettre, de l'authenticité de laquelle les divergences d'opinion des experts permettent de douter.** *Je vais suivre l'accusation et l'accusé, l'acte d'accusation et la défense, et, je ne saurais trop le répéter, je défie qui que ce soit de m'infliger un démenti sérieux.*

1° Note sur le frein hydraulique de 120. Manière dont s'est comportée cette pièce.

Au cours de son instruction, le commandant du Paty de Clam demanda au capitaine Dreyfus : « *Connaissez-vous le frein hydraulique du canon de 120?* » Il répondit : « *Oui, je le connais, je l'ai vu.* » Que peut conclure l'accusation de cette réponse ? Rien, car il ne s'agit pas dans la lettre incriminée du frein lui-même,

4

mais de la manière dont la pièce s'est comportée pendant le tir, de la façon dont a fonctionné le frein qui n'agit que pendant ce tir. Le capitaine Dreyfus dit : « *J'ai vu la pièce deux fois, à Bourges en 1889, à l'école de guerre en 1892, je ne l'ai jamais vue tirer.* » L'acte d'accusation reconnait que le capitaine Dreyfus dit vrai.

Donc, pour savoir comment s'est comportée la pièce, il faudrait que le capitaine ait pris des renseignements soit aux bureaux de la rue Saint-Thomas d'Aquin, soit à la direction de l'artillerie. Une longue enquête a été faite en ces deux endroits, **nul officier n'a déclaré avoir donné sur sa demande, ou autrement, des renseignements au capitaine Dreyfus**. L'accusation n'a trouvé aucune preuve, elle n'en fournit aucune et sur ce point l'acte se borne à dire de l'accusé : « *Il lui a suffi* (!) *de se procurer, soit à la direction d'artillerie, soit dans des conversations avec des officiers de son arme, les éléments nécessaires pour être en mesure de produire la note en question.* » Affirmation vague à laquelle on ne peut attacher de valeur.

3° Note sur les troupes de couverture (quelques modifications seront apportées par le nouveau plan.)

Depuis le 1ᵉʳ janvier 1894, jusqu'au mois de

juillet, le capitaine Dreyfus travailla au deuxième bureau et ne sut jamais ce qui se passait au sujet des troupes de couverture. Jamais d'ailleurs l'accusation n'a pu s'expliquer sur cette note. Quoiqu'il en soit, c'est seulement au mois de septembre que le capitaine Dreyfus fut chargé de l'autographie de tableaux relatifs à la couverture. Or, c'est au mois de septembre que la lettre incriminée est tombée entre les mains du ministre de la guerre. Quant aux modifications apportées au mois d'avril au fractionnement du commandement des troupes de couverture, le capitaine déclara qu'il les avait toujours ignorées.

« Il nous paraît impossible (!) dit l'accusation, que le capitaine Dreyfus n'ait pas eu connaissance des modifications apportées au fonctionnement du commandement des troupes de couverture au mois d'avril dernier, le fait ayant eu un caractère confidentiel, mais non absolument secret et les officiers employés à l'état-major de l'armée ayant pu, par suite, s'en entretenir entre eux, et en sa présence. » Nouvelle supposition sans preuve, car l'enquête n'a jamais pu trouver personne pour témoigner de son bien-fondé;

3° **Une note sur les modifications aux formations de l'artillerie.**

« *Il doit s'agir (!)*, dit l'acte d'accusation, *de la suppression des pontonniers et des modifications en résultant. Il est inadmissible* (!) *qu'un officier d'artillerie ayant été employé au premier bureau de l'état-major de l'armée ait pu s'en désintéresser quelques semaines avant qu'elle ne devînt officielle.* » C'est possible, mais on ignore s'il s'agit de cette suppression, si peu importante à connaître, puisqu'elle doit être officiellement annoncée dans quelques jours, et qu'elle a été publiquement discutée à la Chambre des députés le 21 mai 1894 sur le rapport du général Jung. Admettons cependant cette hypothèse. Le commandant du Paty de Clam, au cours d'un interrogatoire, avait dit au capitaine Dreyfus *qu'il avait dû s'entretenir avec un officier du premier bureau des modifications aux formations de l'artillerie*. Il était donc facile de limiter l'enquête, de lui donner plus de précision. On l'a fait. **Les officiers du premier bureau ont déclaré que jamais le capitaine Dreyfus ne leur avait demandé de renseignements sur ces modifications.**

L'accusation en prend son parti. Les officiers interrogés disent non à ses demandes, elle répond : « *Il est inadmissible* (!) *que Dreyfus ait pu se désintéresser de la chose.* »

4° Une note relative à Madagascar.

Le capitaine Dreyfus, dit l'accusation, a *pu facilement se procurer* les éléments de cette note qui *présentait un si grand intérêt pour une puissance étrangère* (!). En effet, au mois de février 1894, le caporal Bernollin, alors secrétaire du colonel de Torcy, chef du 2ᵉ bureau de l'état-major de l'armée, fit, dans l'antichambre contiguë au cabinet de cet officier supérieur, une copie d'un travail d'environ 22 pages sur Madagascar. L'exécution de cette copie dura environ cinq jours et, pendant ce temps, minute et copie *furent laissées à la fin des séances de travail dans un carton placé sur la table bureau du caporal Bernollin*. En outre, quand, pendant les heures de travail, le secrétaire s'absentait momentanément, la copie qu'il faisait *restait ouverte et par suite pouvait être lue*.

Or, dans sa déposition, le caporal Bernollin déclara, sans préciser de date, que le capitaine Dreyfus était venu quatre ou cinq fois dans cette antichambre, pendant qu'il faisait son stage à la section allemande, pour voir le colonel de Torcy. Il n'est cependant pas question de savoir si le capitaine Dreyfus est venu dans cette antichambre très fréquentée *où on laissait déployé à la vue de tous ce travail si im-*

portant; il y est venu comme cent autres personnes appelées auprès du colonel de Torcy. Quelqu'un a-t-il vu le capitaine Dreyfus lire ce document? Le capitaine Dreyfus a-t-il demandé à quelqu'un des renseignements sur Madagascar? Non, **l'instruction n'a trouvé personne**, et l'accusation comprend si bien qu'elle ne peut s'appuyer, pour incriminer le capitaine, sur sa présence toute naturelle dans cette antichambre ouverte, qu'elle dit : « *Le document a pu (!) encore être lu par le capitaine Dreyfus quand il a été réintégré à la section anglaise qui s'occupait alors de Madagascar.* »

5° Le projet de manuel de tir de campagne du 14 mars 1894.

« *Le capitaine Dreyfus a reconnu, au cours de son premier interrogatoire, s'en être entretenu à plusieurs reprises avec un officier supérieur du 2ᵉ bureau de l'état-major de l'armée.* » Voilà ce que dit l'acte d'accusation.

L'acte d'accusation ment. Quand la question fut posée au capitaine Dreyfus par le commandant du Paty de Clam, elle fut posée d'une façon ambiguë et vague. Il répondit « *Oui.* » Lorsqu'il lut le document et qu'il vit de quoi il s'agissait, il protesta et dit qu'il n'avait jamais parlé à l'officier désigné **que de l'artillerie allemande et non du manuel de tir dont il**

ignorait l'existence. Il demanda qu'on fît venir cet officier supérieur, le commandant Jeannel, qu'on le confrontât avec lui. La confrontation n'eut jamais lieu. Pourquoi ? **Parce que le commandant Jeannel, interrogé, confirma les dires du capitaine Dreyfus** Où en est la preuve ? **Dans l'absence absolue, au dossier, de l'interrogatoire du commandant Jeannel, qu'on ne fit pas intervenir au procès, chose qu'on n'aurait pas manqué de faire, s'il avait apporté une charge nouvelle contre le capitaine Dreyfus.**

D'ailleurs, il n'est pas question dans la lettre d'une note sur le manuel de tir de campagne, mais de ce **manuel lui-même qui aurait été livré.**

Or, nous savons, et l'accusation ne l'a pas contesté, qu'un nombre déterminé de ces manuels avaient été envoyé dans les corps d'armée et que les corps d'armée en étaient responsables ; nous savons que chaque officier, à qui on en confiait un, devait le rendre après les manœuvres. Par conséquent, on savait exactement, au ministère de la guerre, à quels officiers ces manuels avaient été remis, on pouvait savoir si l'un d'entre eux avait prêté le sien, non pas un instant, mais, chose plus facile à constater, pendant plusieurs jours. **On a fait une enquête très longue, très minutieuse, et on a pu constater non seulement qu'aucun officier n'avait prêté ce manuel de tir au capitaine Dreyfus, mais même que jamais le capitaine Dreyfus n'avait cherché à l'emprunter.**

Je suis au terme de mon analyse. Je viens de démontrer, irréfutablement, par l'examen de l'acte d'accusation, qu'aucune charge ne s'élevait contre le capitaine Dreyfus, que les enquêtes, l'instruction n'avaient fourni aucune preuve ; j'ai même fait voir l'absolue mauvaise foi et, sur un point particulier, le mensonge de l'acte d'accusation. Nul ne peut plus contester que **l'unique charge, est l'existence du document même.**

INVRAISEMBLANCE DU BORDEREAU

Mais ce document lui-même est-il vraisemblable ? **Non.**

Examinons son origine ou plutôt l'origine qu'on lui attribue. D'après M. Montville (*Journal* du 10 septembre 1896), il aurait été trouvé à l'ambassade d'Allemagne par un garçon de bureau qui avait l'habitude de livrer à des agents français le contenu des corbeilles à papier. Y a-t-il jamais eu à l'ambassade d'Allemagne quelqu'un qui se soit livré à ce trafic? Oui. Cela était-il resté ignoré de l'ambassade! Non. Quand cette ambassade en eut-elle connaissance? **Un an environ avant l'affaire Dreyfus.** Dans quelles circonstances? je vais le dire.

Un an donc avant l'affaire Dreyfus, un agent secret du ministère de la guerre s'était effectivement mis en rapport avec un homme du bas personnel de l'ambassade d'Allemagne. Cet homme avait accepté de livrer tous les détritus de papier qu'il recueillait chaque matin dans les corbeilles des bureaux. Il mettait ces détritus sous des enveloppes qu'il numérotait, 1, 2, 3, 4, etc., et les déposait chez un concierge de la rue X., qui servait d'intermédiaire. Celui-ci les déposait dans un meuble spécial où l'agent venait les prendre à intervalles irréguliers.

Mais cet agent avait une maîtresse qui s'appelait Mme Millescamps. Il ne sut pas être discret près d'elle et, un jour, il la mit au courant de ses agissements. Mme Millescamps l'écouta et, dès le lendemain, elle courut à l'ambassade d'Allemagne et révéla le trafic. On lui demanda comme preuve, d'apporter une des enveloppes dont elle parlait; elle y consentit, se rendit chez le concierge de la rue X..., s'empara d'une enveloppe et l'apporta à l'ambassade. Elle n'avait pas remarqué que ces enveloppes étaient numérotées. Le jour même, l'agent secret du ministère de la guerre vint à son tour chez son intermédiaire et il constata qu'une enveloppe manquait. Effrayé, il en informa aussitôt ses chefs et avoua l'indiscrétion qu'il avait commise. On fila Mme Millescamps, on la vit entrer à l'ambassade, on l'en vit sortir et, comme elle replaçait là où elle l'avait prise l'enveloppe dont elle s'était saisie, on l'arrêta. Elle passa en police correctionnelle, fut jugée à huis-clos et condamnée pour espionnage au mois de janvier 1894. On peut retrouver, dans la *Gazette des tribunaux*, la date exacte du procès.

Donc, un an avant l'affaire Dreyfus, on savait à l'ambassade d'Allemagne que les détritus de papier étaient communiqués à des agents français. Mais on ignorait, un an après, si celui qui se livrait à ce commerce n'était pas toujours à l'ambassade. On avait, par conséquent, la plus extrême méfiance et on prenait les plus grandes précautions.

Est-il donc admissible qu'on ait déchiré en quatre morceaux et jeté au panier un papier aussi compromettant pour un auxiliaire précieux et qu'on

devait tenir essentiellement à conserver,
alors qu'on savait que, selon toute probabilité, ces fragments seraient livrés au
bureau de renseignements du ministère
de la guerre?

L'origine qu'on attribue à ce bordereau n'est
donc pas plausible, à moins qu'on n'admette
sa confection par un faussaire en relations avec un personnage depuis longtemps acquis du bas personnel de l'ambassade d'Allemagne, et ayant pu par
cette entremise introduire ce bordereau
fabriqué, énumérant des pièces qui
jamais n'ont été livrées, et le faire sortir
ensuite par des procédés habituels.

Étudions maintenant la vraisemblance du
document. Voit-on d'abord la nécessité, pour
celui qui aurait trahi, de faire accompagner son
envoi d'un bordereau inutile et compromettant?
Généralement, la préoccupation d'un espion ou
d'un traître est de ne laisser aucune trace de
ses actes. S'il livre des documents, il les mettra
entre les mains d'une série d'intermédiaires
chargés de les faire parvenir à destination, *mais
jamais il n'écrira*. Il faut remarquer d'ailleurs
que l'acte d'accusation est fort embarrassé pour
expliquer la façon dont un tel bordereau aurait
pu être transmis. Est-ce par la poste? Quelle folie!

Est-ce par l'intermédiaire de quelqu'un ? Alors quel besoin de remettre un bordereau, quelle nécessité d'écrire au lieu de donner les pièces de la main à la main. L'absurdité de ces deux seules hypothèses est telle que l'acte d'accusation a mieux aimé s'abstenir.

Mais le document existe, dira-t-on ; prenez-le tel qu'il vous est donné. Soit. Est-il vraisemblable en lui-même ? Non. Pourquoi ? Parce que :

1r En admettant la confection d'une semblable lettre par un coupable aussi sot, aussi naïf, on ne peut expliquer l'emploi de sa propre écriture. Comment ! l'accusation et le rapport de M. Bertillon, accepté par elle, nous représentent le capitaine Dreyfus se livrant, pour dissimuler son écriture, pour faire croire en cas de découverte à un faux, au travail étrange de décalque dont nous avons parlé, écrivant sa communication sur un papier spécial, *papier photographique qu'il n'a jamais eu et se serait procuré pour cette unique circonstance*; elle nous le montre introduisant dans sa calligraphie les modifications les plus puériles, et cet homme qu'elle nous donne comme le plus endurci des criminels, le plus intelligent et le plus avisé aussi, n'a pas songé à se servir pour écrire sa missive, de lettres découpées dans un journal, par exemple, ou d'une machine à écrire? Il n'a pas songé, dans ce cas spécial, à se servir de la langue allemande, qu'en sa qualité d'Alsacien il possède à fond, de la langue allemande toute indiquée, puisqu'il s'agit, dit-on, d'une lettre adressée à l'ambassade allemande, de la langue allemande qui lui offrait enfin le précieux avantage de rendre son écriture facilement méconnaissable, l'écriture allemande n'ayant aucun rapport avec la nôtre.

2° Cette lettre présente des contradictions absurdes et que l'accusation s'est gardée de relever. Je vous envoie, dit l'auteur : 5° *Le projet de manuel de tir de campagne (14 mars 1894)*; il ajoute immédiatement : « *Ce dernier document est extrêmement difficile à se procurer et je ne puis l'avoir à ma disposition que très peu de jours... Si donc vous voulez y prendre ce qui vous intéresse et le tenir à ma disposition après, je le prendrai, à moins que vous ne vouliez que* **je vous le fasse copier in extenso et ne vous en adresse la copie.** »

Rien n'a donc été envoyé, puisque la lettre offre, *soit de prêter* le manuel au correspondant inconnu qui y prendra ce qui l'intéresse, *soit de le faire copier*, ce qui suppose un ou des complices qu'on n'a jamais trouvés, car il n'y en avait pas, pas plus que de trahison. *Par con-*

séquent, l'auteur de la lettre n'a rien remis et il se contredit lui-même. Il a offert, et on ne sait si l'offre a été acceptée.

Toutefois, cette offre avait une grande importance pour la puissance à qui elle était faite. La lettre de proposition était par conséquent très précieuse, et on la laisse traîner dans un bureau ! Bien plus, **on la déchire en quatre morceaux, on la jette au panier pour compromettre inutilement un agent d'une telle utilité !**

3° La lettre offre des incorrections grammaticales et syntaxiques qui ne sont pas habituelles au capitaine Dreyfus et qu'on ne peut trouver dans sa correspondance authentique. Je relève quelques-unes de ces incorrections : *Sans nouvelles m'indiquant que; — ce dernier document est extrêmement difficile à se procurer* (au lieu de : il est extrêmement difficile de se procurer); — *je vais partir en manœuvres.*

4° Cette lettre se termine ainsi : « *Je vais partir en manœuvres* »; or, à aucun des moments auxquels peut se rapporter l'envoi des documents mentionnés, le capitaine Dreyfus n'est «parti en manœuvres». Il est vrai que, dans ce fait, M. Bertillon et le ministère public ont vu une nouvelle preuve de la dissimulation et de l'habileté de celui qui était accusé ! Devant tant d'impossibilités et tant d'aveuglement, on s'arrête !

Cependant, ce sont ceux qui connaissent l'affaire dans ses moindres détails, ce sont ceux-là qui inspirent à l'*Eclair* les lignes suivantes :

On ne saura jamais ce qu'il (le capitaine Dreyfus) avait vendu à l'Allemagne contre la mensualité qu'il recevait, laquelle s'augmentait de sommes variables pour toutes les pièces d'importance dont il donnait livraison. Il avait fini, ayant livré tout ce qu'il savait, par les relations journalières de son service, par s'entourer de nouveaux éléments d'investigation. Il feignait une activité méritoire et courait de bureau en bureau, s'intéressant à tout ce que faisaient ses camarades, avec une insistance qui, depuis longtemps, paraissait extrêmement suspecte.

Il en était arrivé à irriter ceux-ci, au point qu'à son approche on cachait les dossiers : « Ah çà, est-ce que ça le regarde ? disait-on. Qu'est-ce que Dreyfus a besoin de venir fouiner par ici ? » C'est qu'il avait besoin de se tenir au courant des incessantes modifications qui sont apportées au travail de mobilisation de la dernière heure. Car c'était ce qu'il vendait. Par lui, l'Allemagne a connu les forces exactes dont on disposerait aux premiers jours d'une guerre et comment on les disposerait. Elle a eu par lui l'horaire des troupes, en sorte que nous croyant forts en plaçant par exemple 5,000 hommes sur tel point déterminé, l'adversaire nous écrasait en portant contre ce point une armée numériquement double.

Il a si peu vendu une partie des secrets de la mobilisation, il est si innocent de tout ce qu'on lui impute, que tout le travail a été refait et que l'on peut dire que le crime de Dreyfus a coûté à la patrie, à cette heure, des *millions* — vous entendez bien, des *millions !* — On a refait les plans, refait les horaires et *refait des travaux de défense*. On travaille encore à réparer les désastres que ce misérable a essayé de causer à ce qui était sa patrie. »

Eh bien ! tout cela est faux, c'est un tissu d'allégations inexactes, un ensemble d'affirmations mensongères, auxquelles nous avons opposé des faits que nous allons maintenant résumer.

RÉSUMÉ DES FAITS

Le capitaine Dreyfus a été arrêté à la suite de *deux expertises contradictoires*. Pendant quinze jours, on l'a laissé ignorer ce dont on l'accusait.

L'instruction a été conduite de la façon la plus arbitraire par le commandant du Paty de Clam, elle a été continuée par les soins de M. Besson d'Ormescheville. Elle n'a abouti qu'à *montrer l'inanité absolue des racontars faits sur le capitaine Dreyfus, et le mensonge des rapports policiers que des témoins ont démenti et que l'accusation n'a pas osé retenir.*

La base de l'accusation reste donc *une feuille de papier pelure ou plutôt de papier photographique spécial,* —sorte de bordereau d'envoi, de style et d'orthographe bizarres, — *déchirée en quatre morceaux et soigneusement recollée.*

D'où venait cette pièce ? D'après le rapport de M. Besson d'Ormescheville, le général Gonse, en la remettant à l'officier de police judiciaire, M. du Paty de Clam, déclara qu'elle avait été adressée à une puissance étrangère, qu'elle lui était parvenue, mais que, d'après les ordres formels du ministère de la guerre, il ne pouvait indiquer par quels moyens ce document était tombé en sa possession.

L'accusation ne sait donc pas comment ce document non daté, non signé, est parti des mains de l'inculpé. La défense ignore par quelles voies il est revenu de l'ambassade qui le possédait. A qui la lettre était-elle adressée? Qui l'a volée ou livrée? A toutes ces questions, pas de réponse.

A-t-on trouvé, pendant les deux mois d'enquête, que le capitaine Dreyfus ait eu des relations suspectes? **Non.** Cependant, l'étrange missive dit : « *Sans nouvelles m'indiquant que vous désirez me voir.* » Il voyait donc le correspondant mystérieux? On a scruté sa vie, suivi tous ses pas, examiné toutes ses actions, on n'a pu citer aucune fréquentation compromettante. Les perquisitions faites à son domicile n'ont donné aucun résultat. On a fouillé sa correspondance, M. du Paty a exigé de Mme Dreyfus les lettres que durant ses fiançailles elle avait reçues du capitaine. Cet examen n'a rien apporté à l'accusation. *Jamais elle n'a pu produire un fait, alléguer une charge pouvant faire supposer que le capitaine Dreyfus ait eu des relations quelconques avec un agent étranger,* **même pour le service de l'état-major.**

Les dépositions des témoins cités à l'audience n'ont aucune importance, elles ne contiennent que des appréciations personnelles sur le caractère du capitaine Dreyfus ; les uns disent qu'il est bavard et vantard, les autres le représentent comme renfermé et orgueilleux. Donne-t-on un mobile à un acte aussi odieux ? Quelles raisons ont pu pousser le capitaine Dreyfus à commettre la trahison dont on l'accuse ? L'accusation se tait là-dessus.

Etait-il besogneux ? Non, il était riche. Avait-il des passions et des vices à satisfaire ? Aucun. Etait-il avare ? Non, il vivait largement et n'a pas augmenté sa fortune. Est-ce un malade, un impulsif susceptible d'agir sans raison ? Non, c'est un calme, un pondéré, un être de courage et d'énergie. Quels puissants motifs cet heureux avait-il pour risquer tout ce bonheur ? **Aucun.**

A cet homme que rien ne pousse au mal, que rien n'accuse, *que l'enquête établit probe, travailleur, de vie régulière et honnête*; à cet homme on montre un papier mystérieux, louche, de provenance obscure. On lui dit : « C'est toi qui as écrit ceci. Trois experts, *dont un est désormais suspect*, l'attestent et deux le nient. » Cet homme, s'appuyant sur sa vie passée, affirme qu'il n'a pas commis pareil acte, il proteste de son innocence ; *on reconnaît l'honorabilité de son existence* et, sur le témoignage contradictoire de ces experts en écriture, on le condamne à la déportation perpétuelle !

LA COMMUNICATION SECRÈTE

Cela n'eût pas suffi, en effet. Aussi, mis en présence de ces seules charges, *le Conseil de guerre penchait vers l'acquittement*. C'est alors que le général Mercier, *malgré les promesses formelles faites au ministre des affaires étrangères*, se décida à communiquer en secret — *« hors la présence même de l'avocat »* — aux juges du Conseil de guerre, dans la chambre des délibérations, la pièce, suprême accusation, qu'il avait gardée jusqu'à ce moment. Quelle était cette pièce *si grave qu'elle n'eût pas dû être connue hors du huis clos*, si importante que seuls l'ont vue le ministre, l'agent chargé de la comédie de perquisition qui la mit entre les mains de l'accusation, les officiers qui siégeaient, et un nombre si restreint de personnes *qu'il serait facile de savoir, en procédant par élimination, qui l'a donnée à l'Eclair*. Mais je ne veux pas insister là-dessus. Que dit l'*Eclair:*

« Les attachés militaires à l'ambassade allemande en septembre, adressaient à leurs collègues de l'ambassade italienne une lettre chiffrée. Cette lettre quitta bien ses auteurs pour aller entre les mains de ses destinataires, mais entre le point de départ et le point d'arrivée elle avait été habilement lue et prudemment photographiée.

C'était une lettre chiffrée, au chiffre de l'ambassade allemande. Ce chiffre on le possédait et l'on peut penser qu'il était d'une utilité trop grande pour que la divulgation d'un tel secret fût rendue publique. On verra plus loin que ce fut la raison pour laquelle la lettre en question ne fut pas versée au dossier, et ne fut qu'en secret et dans la chambre de délibération, hors de la présence même de l'avocat, communiquée aux juges du Conseil de guerre.

Vers le 20 septembre, le colonel Sandherr, chef de la section de statistique, communiquait au général Mercier cette lettre qui avait été déchiffrée. Elle était relative au service d'espionnage à Paris et contenait cette phrase : Décidément cet animal de Dreyfus devient trop exigeant. »

Cette lettre existe-t-elle ? Oui. A-t-elle été communiquée secrètement aux juges ? Oui.

On veut revenir aujourd'hui sur l'aveu qu'on a fait de son existence, **parce qu'on en comprend les conséquences ; mais l'aveu reste acquis jusqu'à ce qu'il ait été officiellement démenti.**

La phrase citée par l'*Eclair* est-elle contenue dans cette missive :

J'affirme que non. J'assure que celui qui a livré au journal l'*Éclair* cette pièce dont on redoutait à tel point — en raison des complications diplomatiques possibles — la divulgation que l'on dut, à cause de son existence même, exiger le huis clos, j'assure que celui-là n'a pas craint, ajoutant une infamie à celles déjà commises, de falsifier ce document capital, dont la publication devait achever de convaincre chacun de la culpabilité du malheureux qui, depuis deux ans, subit un martyre sans nom.

La lettre apportée aux juges **ne contenait pas le nom de Dreyfus, mais seulement l'initiale D.**

L'*Eclair*, dans son n° du 10 novembre 1896,

ne conteste pas mon affirmation, mais il faut cependant que je la précise. Je vais le faire. La lettre **révélée pour la première fois malgré le double huis clos, si je puis dire, par** l'*Eclair*, est arrivée au ministère de la guerre par l'intermédiaire du ministre des affaires étrangères, **huit mois environ avant l'affaire Dreyfus, et non vers le 20 septembre 1894.** Il est si vrai qu'elle ne contenait pas le nom de Dreyfus, qu'on s'appliqua pendant quelque temps à filer et à surveiller un malheureux garçon de bureau du ministère de la guerre dont le nom commençait par un **D**. Cette *filature* fut rapidement abandonnée, ainsi qu'une ou deux autres, postérieurement entreprises, puis la lettre fut oubliée. **Aucun soupçon ne se porta sur Dreyfus** (*nouvelle preuve qu'on ne se méfiait pas de lui dès l'origine*) **et on ne songea à cette missive, qu'après la saisie du bordereau et son attribution au capitaine Dreyfus.** Le récit de l'*Eclair* (15 septembre 1896) n'est donc pas exact. Faut-il maintenant examiner la vraisemblance de cette lettre ? Supposons qu'une puissance étrangère soit assez heureuse pour s'attacher un officier de l'état-major et que cet officier lui livre les pièces les plus confidentielles, les documents les plus importants. Il sera pour cette puissance d'un prix inestimable, elle fera tout pour se l'attacher, et prendra, de concert avec lui, toutes les précautions nécessaires pour qu'il ne puisse être soupçonné. N'est-il pas évident qu'en premier lieu *elle lui demandera de ne jamais écrire, et surtout de ne pas lui remettre de bordereau commercial concernant les notes qu'il fournit.* Ceci est pour les garanties dont cet officier doit s'entourer. D'autre part, cette puissance étrangère se fera un devoir, commandé par la plus élémentaire prudence, de ne pas compromettre elle-même, par d'inutiles confidences, un homme si précieux, et elle se gardera bien plus encore de confier à une lettre qui peut s'égarer ou être saisie, le nom de l'officier susceptible de lui rendre de si grands services. Cette lettre était écrite en langage chiffré, fera-t-on remarquer, cela importerait peu, car tout le monde sait que les correspondances diplomatiques sont toujours ouvertes et que tous les chiffres secrets sont connus ou, grâce aux méthodes cryptographiques, déchiffrées avec facilité, **mais cette lettre était écrite en langage ordinaire et non en langage chiffré.** Cela la rend-il plus vraisemblable ?

N'insistons pas là-dessus. Jusqu'à présent, je le répète, personne n'a démenti l'affirmation de l'*Eclair*. Il reste acquis, *jusqu'à ce que le gouvernement l'ait nié*, que la condamnation du capitaine Dreyfus, que nulle preuve suffisante ne provoquait, a été obtenue en mettant sous les yeux des juges une lettre *systématiquement soustraite à l'accusé, systématiquement soustraite au défenseur. Au cours du procès ils l'ont ignorée; ils n'ont donc pu la discuter, contester soit son origine, soit l'attribution qu'on faisait d'une initiale à un homme que rien autre ne désignait.* Est-il admissible qu'on puisse condamner quelqu'un en lui refusant les éléments nécessaires à sa défense? N'est-il pas monstrueux qu'on puisse, hors la salle d'audience, peser sur l'esprit, sur la décision, sur la sentence des juges? Est-il permis à qui que ce soit d'entrer dans la chambre des délibérés et de dire au magistrat : « Oublie ce que tu viens d'entendre en faveur de l'homme que tu as à juger, nous avons, nous, en main, des pièces que, *par raison d'Etat ou de haute politique, nous lui avons cachées et sur lesquelles nous te demandons le secret.* Ces pièces, nous en affirmons l'authenticité, la réalité. » Et un tribunal, là-dessus, a prononcé sa sentence. Nul de ses membres ne s'est levé et n'a dit : « *On nous demande là une chose contraire à toute équité, nous n'y devons pas consentir.* »

Et l'on avait à tel point égaré l'opinion, on lui avait tellement présenté l'homme qu'on avait condamné comme le dernier des misérables, indigne de toute pitié, que l'opinion ne songea pas à s'émouvoir de la façon dont celui qu'on lui présentait comme le plus odieux des traîtres, avait été condamné. Ceux mêmes dont le patriotisme s'inquiète lorsqu'on touche à un officier, oublièrent les procédés employés dans cette circonstance parce qu'on les avait convaincus, au nom de la patrie offensée, de la nécessité du châtiment, par tous les moyens. S'il n'en eût pas été ainsi, des milliers de voix se seraient élevées — et elles s'élèveront peut-être demain, après que les préventions auront été dissipées — pour protester au nom de la justice. Elles auraient dit : « Si l'on admet de semblables abus de pouvoir, des mesures aussi arbitraires, la liberté de chacun est compromise, elle est à la merci du ministère public, et on enlève à tout citoyen accusé les garanties les plus élémentaires de la défense. »

LA REVISION DU PROCÈS

Il est encore temps de se ressaisir. Qu'il ne soit pas dit que, ayant devant soi un juif, on a oublié la justice. C'est au nom de cette justice que je proteste, au nom de cette justice qu'on a méconnu.

Le capitaine Dreyfus est un innocent et on a obtenu sa condamnation par des moyens illégaux : il faut que son procès soit revisé.

Cette révision, comment l'amener? On sait qu'elle a été demandée par une pétition de Mme Dreyfus, adressée à la Chambre des députés, le 16 septembre 96, et rendue publique. La commission des pétitions doit y donner suite. Pour cela, il faut d'abord qu'elle vérifie s'il y a eu une pièce communiquée aux juges du conseil de guerre sans avoir été en possession de la défense. *Le seul fait de cette communication prouve nettement que toutes les autres charges étaient insuffisantes.*

Si le fait est acquis, la commission des pétitions devra renvoyer la pétition non pas au ministère de la guerre, mais au ministère de la justice, seul compétent pour rechercher s'il y a dans nos lois un texte permettant de reviser une condamnation prononcée sur une pièce que n'ont connu ni l'accusé, ni son défenseur.

Si ce texte de loi n'existe pas, il est à créer, ce sera au garde des sceaux à en prendre l'initiative. car, dans un débat au civil, celui qui perd un procès peut faire réviser le jugement, même définitif, qui le condamne, s'il établit que son adversaire a retenu une pièce décisive. *Est-il possible que dans un procès criminel quelqu'un puisse être condamné à la requête du ministère public qui garderait par devers lui une pièce qu'il ne communiquerait qu'aux juges, sans que le condamné ait pu s'en justifier ?*

Et si, dans les cas de révision mentionnés par la loi actuelle, on n'a pas prévu le cas d'une charge tenue secrète et communiquée seulement aux juges, c'est que les législateurs modernes ne pouvaient concevoir, ni même imaginer, qu'il pût se produire une semblable violation des droits de la défense.

Ainsi, ce procès est revisable et *désormais ce n'est plus à huis-clos qu'il pourra être jugé, mais devant la France entière.* J'en appelle donc de la sentence du Conseil de guerre comme de la sentence du Conseil de revision. Des faits nouveaux viennent d'être apportés au débat; **ils suffisent juridiquement pour faire casser le jugement;** mais au-dessus des subtilités juridiques, il y a des choses plus hautes : ce sont les droits de l'homme à sauvegarder sa liberté et à défendre son innocence si on l'accuse injustement.

Resterai-je seul à parler au nom du droit ? Je ne le crois pas. La presse a pu être trompée, égarée, mais elle saura, mieux informée, se ressaisir et, une fois encore, elle ne permettra pas qu'une monstrueuse iniquité continue à être commise.

APPENDICE

A la suite de la publication par le *Journal* du 13 novembre de quelques passages de cette brochure, un rédacteur du *Soir* a interviewé M. le commandant Besson d'Ormescheville (*Soir* du 14 novembre).

« Je ne sais par quelle voie, a dit M. d'Ormescheville, ce M. Lazare a pu avoir communication de mon rapport, en tous les cas ce n'est pas par moi. »

Je ne connais pas en effet M. d'Ormescheville et il ne m'a jamais communiqué son rapport.

« M. Bernard Lazare, ajoute M. Besson d'Ormescheville, ne doit pas dire que ce rapport conclut à la non culpabilité, car alors il faudrait qu'il dise aussi que M. Brisset, commissaire du gouvernement dans cette affaire, a conclu dans le même sens et que les membres du conseil de guerre ont jugé dans un sens contraire à celui du dossier et de l'accusation. C'est de l'absurdité. Si j'avais conclu à la non culpabilité de Dreyfus, ce dernier n'aurait pas été jugé, et le gouverneur militaire, faisant fonction de procureur général, aurait rendu une ordonnance de non-lieu. »

Tout cela est parfaitement raisonné, mais c'est raisonner dans le vide. Je n'ai jamais écrit — les lecteurs de cette brochure l'auront constaté — que le rapport du commandant Besson d'Ormescheville concluait à la non culpabilité du capitaine Dreyfus, et l'argumentation de M. d'Ormescheville, quelle que soit sa valeur, est inutile. Ce que j'ai dit, **et je le maintiens absolument**, c'est que ce rapport ne contenait aucune charge contre le capitaine Dreyfus et qu'il concluait à sa culpabilité *uniquement en se basant sur les témoignages contradictoires des experts.*

L'interwiev de M. le commandant d'Ormescheville se termine par ces mots : « *Cette brochure de M. Bernard Lazare, tout en tendant à vouloir innocenter Dreyfus, n'est peut-être qu'une manœuvre de vengeance contre moi, contre M. Brisset.* » Pour quels motifs aurais-je voulu me venger de M. d'Ormescheville ou de M. Brisset que je ne connais pas? Ils ne sont pas mes ennemis, et je ne les ai jamais considérés comme tels; je n'ai pas voulu dans cette brochure attaquer des juges, mais défendre un innocent; je n'ai pas été guidé par un esprit de vengeance, qui n'aurait aucune raison d'être, mais par un esprit de justice. Je n'ai pas autre chose à répondre.

www.ingramcontent.com/pod-product-compliance
Lightning Source LLC
Chambersburg PA
CBHW070318100426
42743CB00011B/2472